JN060460

間違いだらけの靖国論議

三土 明笑

もっとも、戦没者の遺族の中には、「戦没者は国のために戦って死んだのであるから、戦前と同じように英霊あるいは神として靖国神社・護国神社に祀ってほしい。靖国神社・護国神社の祭祀によってはじめて、宗教的な慰霊の感情を満足させることができる。」という人もいるであろう。それは、それで自由に行なえばよい。たとえ靖国神社のような宗教であろうとも、現行憲法下では個人の信教の自由は保障されている。

（愛媛玉串料訴訟控訴審における一審原告側最終準備書面）

端的に言うならば、わが社会に存在する「靖国信仰」をわが国固有の民族的、伝統的価値として他の宗教法人とは別格の、国家の公的な承認のもとに守るべきものであるか、それとも「靖国信仰」がいかに国家の公的支援を求めようとも、国家の側はあくまで「靖国信仰」は私事の世界で完結するべきものとして自制を求めるべきものであるか、ということである。

（愛媛玉串料訴訟上告審口頭弁論要旨）

はじめに

靖国問題は今、鳴りを潜めた休火山のような状態だ。

このテーマが最後に盛り上がったのは、第2次安倍晋三政権初期の約1年間。「安倍首相は念願だった首相としての靖国神社参拝を今度こそは任期中に断行するかもしれない」との観測が語られ、就任1周年の2013年12月26日に実際に「断行」された参拝を経て、それに対する国内外の反応が一段落する翌年1月までだった。

以来、毎年8月15日が近づくたびに、「だれそれは、閣僚になったからには靖国参拝を控えるのではないか」とか、「いや、閣僚になっても筋を通して参拝するだろう」とかの噂がマスコミの話題にのぼるが、一過性の波風は長続きしない。

そんな状態が続いているうちに、靖国神社が物議をかもす存在である理由についての世間の認識そのものが、ひどく退化してしまった。

靖国問題と言えば、ふたことめには「中国が……」とか「韓国が……」とか言い出すのが、通り相場になってしまっている。

靖国問題とは、わたしの定義するところによれば「戦前に国家の施設であった靖国神社が戦後は民間の一宗教法人として存続することになった事実と、にもかかわらず同神社の公的復権を求める社会的勢力が存在する事実の結果として生じた諸問題の総体」である。この意味での靖国問題は、敗戦に続く占領時代からすでに水面下では存在していたし、占領終了後まもなく顕在化し、靖国神社再国営化（国家護持）の是非が「靖国神社法案」への賛否というかたちで具体化した1970年代前半には、すでに大きな論争を呼んでいた。その意味で、外交上の波風が立つことで初めて靖国問題が始まったなどという認識は、歴史を知らないにも程がある。

確かに、首相や主要閣僚の地位に就いた政治家は公人としての靖国参拝は控えるという慣行がこのまま続けば、昨今の世間が思っている意味での靖国問題——外交問題としての靖国問題——は沈静化の方向に向かうだろう。しかし、そうしたかたちでの沈静化は、「これは不本意な退却だ。筋を通すなら本来こうはならないはずだ」という、生木がくすぶるような不全感を永く人心に残す不健全なものだ。休火山の下に溜まったマグマ溜まりから、いつまた溶岩が噴き上げないとも限らない。これを、火鉢の灰に埋めた真っ赤な炭火がそのまま完全燃焼するような理想的な燃え尽き方へと変えさせるためには、靖国問題とはそもそも何だったのかという原点へと、議論をもういちど引き戻す必要がある。

そもそも21世紀に入って以後の靖国論議は、それ以前の論争の推移について無知なままでの、おざなりな主張が多い。せっかく長い論争の歴史がある問題なのに、それを踏まえた知識の積み重ねがなく、近々5年程度のタイムスパンでの、外国要人がどう言ったとか、わが国のだれそれがそれに反発したとかいったニュースを頭に入れただけの者が、識者ぶってマスコミで発言している例が多いのだ。

一般の人がそうした底の浅い評論に耳を慣らされているあいだに、戦後早い時期の歴史については、専門家のあいだでは相手にもされてこなかった俗説が、二流、三流のメディアを通じて社会に拡散され、一定の影響力を行使していたりする。「ビッテル神父伝説」や「マッカーサー自衛戦争証言説」などがそれだ。

こうした情勢を踏まえ、このたびは、そうしたメディアに影響された人々が持ち出しがちな定型化した質問をまず取り上げ、Q＆A形式で問いに答える中で、本当の論点がどこにあるかをあぶり出してゆき、そのうえで体系的な記述に移るというスタイルをとってみることにした。

このやり方でのわたしの記述が、読者のみなさんがこの問題をより深く見つめるために、少しでも手助けになれば幸いである。

凡例

①本書では国立国会図書館調査及び立法考査局編『新編靖国神社問題資料集』（国立国会図書館、2007年刊、オンラインで閲覧可能）所収の資料を頻回に引用・参照している。この文献は収録資料に【一】から【八〇八】までの整理番号を付しているので、それらへの言及は「資料【＊＊】」という略号で示す。例えば「資料【四九六】」とあれば右記資料集の【四九六】番にこの記述ありとの意味である。

②若干の文献は引用・参照の際、以下に示す略号で表示している。その他の引用・参照文献はそのつどフルネームで紹介するとともに、言及順に巻末に再掲する。

春山………春山明哲「靖国神社とはなにか――資料研究の視座からの序論」国立国会図書館調査及び立法考査局『レファレンス』2006年7月号49～75頁（オンラインで閲覧可能）。

旧資料集………国立国会図書館調査及び立法考査局『靖国神社問題資料集』国立国会図書館、1976年。

愛媛Ⅰ………「愛媛玉ぐし料訴訟」公判記録集編集委員会『「愛媛玉ぐし料訴訟」公判記録集――靖国をめぐる闘い』私家版、1989年。

愛媛Ⅱ………愛媛玉ぐし料違憲訴訟団『司法鬼神に屈す――愛媛玉ぐし料訴訟控訴審記録』私家版、1993年。

愛媛Ⅲ………「愛媛玉串料違憲訴訟」記録集編集委員会『「愛媛玉串料違憲訴訟」記録集――最高裁大法廷判決』私家版、1997年。

赤澤Ⅰ………赤澤史朗『靖国神社――せめぎあう〈戦没者追悼〉のゆくえ』岩波書店、2005年。

赤澤Ⅱ………赤澤史朗『戦没者合祀と靖国神社』吉川弘文館、２０１５年。

中村………中村直文＋ＮＨＫ取材班『靖国――知られざる占領下の攻防』ＮＨＫ出版、２００７年。

岸本………岸本英夫「嵐の中の神社神道」新宗連調査室編『戦後宗教回想録』１９４～２８７頁、新宗教新聞社、１９６３年。

中野………中野毅『戦後日本の宗教と政治』大明堂、２００３年。

井門………井門富二夫編『占領と日本宗教』未來社、１９９３年。

大原………大原康男『神道指令の研究』原書房、１９９３年。

マリンズ………Mark R. Mullins, How Yasukuni Shrine Survived the Occupation : A Critical Examination of Popular Claims, *Monumenta Nipponica* 65/1 : pp.89-136, Sophia University, 2010.

保阪………保阪正康『昭和史の大河を往く「靖国」という悩み』毎日新聞社、２００７年。

渡部………渡部昇一『渡部昇一、靖国を語る』ＰＨＰ研究所、２０１４年。

間違いだらけの靖国論議　目次

第3章 今こそ憲法20条を …227

序章　ある私立学校の不毛な制服論争

近年、わたしが傍から聴いていて、愚かしく、じれったく思えてならないのが、ある私立学校で生徒や保護者会が延々と続けている「制服論争」である。

その中高一貫私立学校（かりにA校としておこう）は、所在都市を代表する新興エリート校だったが、創立年度の古い首都のエリート校にはかなわないというコンプレックスがあってか、そこの在校生には、殊更に武張った学ランの制服姿をこれみよがしにひけらかして集団で街中を闊歩し、近隣の学校の生徒を威圧する悪しき風習があった。

教員の中にもそうした生徒の気風を、むしろ煽り立てるような者もおり、風紀主任という地位にあるB教諭がその代表だった。彼は「服装の乱れは心の乱れ」をモットーに、しきりに「服装チェック」を行ない、例えば、「今日は暑いから」と言って詰め襟のホックを外して第一ボタンも外し、扇子代わりの下敷きで喉元をあおいでいるような生徒を見つけると、たちまちカミナリを落とし、「今度やったら停学処分だぞ！」などと怒鳴りつけていた。

させてあるとき、このA校の中でもとりわけ武張った連中が、他校（C校としておこう）の生徒に集団で暴力を加える事件が起こり、少年といえども許されざる刑事事件として、学校に司直の手が入り、一学期間にわたって学校に警察官が常駐するという異常事態となった。しかも、よりによって、その事件を起こした集団こそが、例のB教諭に対して一番忠実な連中で、「親分」であるB教諭の権威を笠に着て、他の生徒に対して、まるで自分が教師であるかのように、「貴様、その服装は何だ！」と怒鳴りつけることまでしていたことが、他の生徒の証言で明らかになった。

この事件は以後その地方都市では甚だ評判の悪い事件として記憶され、「学ラン暴力団事件」との名前で今でもときどき地方新聞で言及されることがある。

警察の捜査の中で、B教諭が裏で生徒を煽っていたこともわかり、刑事責任こそ問われなかったものの、彼は道義的責任をとって依願退職した（そして、この都市からは姿を消した）。保護者会の中からも、地に堕ちたA校の評判を取り戻すためには思い切った校風刷新が必要だとの意見が起こり、校長も理事長も出席した全校集会で、この際、制服をなくして服装を自由化しようとの提案が支持され、「服装自由化」が決められた。

そのとき、一群の生徒から、「ぼくらは、あの暴力グループとは関係がない。そして、純粋にファッションの問題として制服が好きなのだ。罪を犯したのは人間であって、制服じゃない。だから制服を着続けたい」との意見が出て、彼らの言い分をどう受け止めるかが、大きなテーマとなった。ある保護者から「服装自由化と言うからには、特定の型の服装に限って禁止するというのは自己矛盾だ。制服を着続けたい者が着る自由も認めてこそ、真に普遍性のある自由化だ」という、高邁で説得力のある意見が出て、それが通った。

つまり、結論として決まったのは「生徒一人ひとりが自由な選択の結果として着る服の中には旧制服も含まれる」ということであり、この時を境に旧制服は、「〝制服〟という名の私服」になったわけである。ところがここで、この全校集会の記録係に微細ながら手抜かりがあった。この決定が「制服を着る自由も認める」と記録されたのだ。本当なら「旧制服を私服として着続ける自由も認める」と書くべきであったのに。

このささやかな文言の不備が、後に混乱を生む原因となった。

後になって、この全校集会は「学校に警察官が常駐していた時期に開かれたもの」であったことを問題視し、「あれは〝占領時代〟に押しつけられたもので、自主的決定ではなかった」と言い出すグループが出現し、「制服は、みんなが着てこそ制服だ」と主張するようになったのだ。以後、ことあるごとにこの主張が蒸し返されるようになり、保護者会の中にも「そうだそうだ。彼らの主張はもっともだ。応援してやるべきだ」と言い出す者が出るようになった。

彼らは、「旧制服を、各人の好き好きで着る純然たる私服と同じレベルのものと位置づけてしまったことには、やはり無理があった。服装は自由だとしても、建学の精神を体現した制服には、しかるべき地位が与えられるべきだ。名称を『標準服』と改めることで、せめて始業式や終業式などの日にはみんなが着るべき服として指定しなおすことにしたらどうだ。そうすれば服装自由の原則には一応抵触しない」とかなんとか、こじつけ的なことを言うようになった。しかしこの案は、「服装の自由がなし崩しに壊される」という危機感をいだいた生徒たちから大いに反発された。さらに、これは皮肉なことだが、制服派自身が「そういう中途半端な位置づけでは真の制服復権にはならない」として、最終的にはこの案を蹴ることになった。以後この「標準服」構想は、二度と正式には提案されないままになっているが、事情をよく呑み込んでいない者の中には「あのときの標準服構想でいいじゃないか」と蒸し返して、おのれの無知をさらけ出す者もいる。

そうこうするうちに、旧制服グループは「あの風紀主任のB教諭が依願退職に追い込まれたのは警察の無言の圧力によるもので、彼は立派な先生だった。濡れ衣は晴らさなければならない」とも主張するようになった。そうしてこの街ではときどき、昔ながらの学ランの制服を着たA校生徒の集団が「B先生の名誉を回復しましょう」といった幟を立てて、マイクで街宣をする姿が目撃されるようになった。

さらには、A校の生徒の中には、だれに入れ知恵されたものか、「『学ラン暴力団事件』とか言うけれど、ほんとはC校の生徒が先に挑発したのだ」とか、「もともとあの事件は、エリート校潰しをねらう悪平等主義者――つまり共産主義者――が、A校の評判を落とすために仕組んだ陰謀だったのであり、『学ラン暴力団』の汚名を着せられた生徒たちは、実は罠にかけられた被害者だったのだ。本当の元凶は共産主義者だったのだ」とか、珍説奇説を唱える者も出てきた。

こういう風潮に対して、あの事件で多数の重軽傷者を出したC校の関係者は神経質にならざるをえない。

あるとき、C校の校長からA校の校長に対して、「学ラン暴力団事件の悪夢を思い出させるようなああいう行動はやめるように生徒を指導してほしい」との申し入れがあった。それに対してA校の校長は一応「指導します」と答えたのだが、校内では「校長は表現の自由を奪う気か！」とか、「他校の校長がわが校の生徒指導のあり方について注文をつけるのは〝内政干渉〟ではないか！」とか唱える者がおり、保護者会の中にも「そうだ、そうだ」と言い出す者が現われるなど、おかしな情勢になってきた。こんなふうにして徒に対立的な空気が校内に立ち込めるようになった情勢下で、副校長が、ひとつの妥協案を出した。

いわく、「旧制服が詰め襟の学ランであることで、学校のイメージが悪くなり、周辺校の生徒らからもうさん臭がられているのだから、このさい、ブレザー型の新しいデザインに直すことで、制服派が今後とも制服を着たければそれを着るようにと学校が命ずることにしよう」と。

これは明らかに、いったん確立された「服装自由」の原則への明白な侵害行為だ。制服派に言わせれば「われわれは詰め襟の学ランであってこそ建学の精神にマッチしていると思って着ているのであって、それを別の制服に変えろというのは、特定の型の服を着用禁止にすることにほかならないではないか。断じて受け入れられない」と反撃した。これは確かに正論だ。それと同時に、よく考えると皮肉なことだが、この主張をする際に制服派が拠り所としているのは、何と、あの、彼らに言わせれば〝屈辱的〟な〝占領時代〟に定められた「服装自由化」の決定なのだ。でも、学ラン暴力団事件よりあとの〝戦後〟に定められた大原則を前提とするかぎり、彼らの主張は首尾一貫しているのであって、それに比べたら、及び腰の副校長が出してきた妥協案など、道理が立つわけがない。

わたしは、「学ラン暴力団事件」とそのあとの「全校集会」のあったころは、まだこの地方都市には住んでいなかったので、あれらのニュースをリアルタイムでは経験していないが、後に図書館で当時の地方新聞の記事を調べたり、関係者から聞き取りをしたりすることで、事件の概要は把握している。そして、「制服復権」を唱える者をなだめるための妥協案として「標準服構想」が打ち出され、さんざん議論されたあげく廃案となったころのことは、わたしがこの都市の住民になって以後のことだったので、リアルタイムで知っている。

ところが、学校というものは生徒の世代が次々に入れ替わっていく場所だから、10年前の事件である「学ラン暴力団事件」も「全校集会」も、今の在校生はだれも体験していない。さらに、「標準服構想」がさんざん議論された末に廃案になったのも、すでに5年前のことだから、生徒の中でそれを記憶しているのは卒業間際の高3生だけである。

そんな中で、生徒の大半は、C校の校長から生徒指導の申し入れ（強硬派に言わせると〝内政干渉〟）があったとき以降のことしか知らず、あの申し入れがいざこざの発端であったかのような、まったく的外れな事実認識を抱いている。そして彼らは、申し入れにどう対処するかという〝外交問題〟がイコール〝制服問題〟なのだと思っている。

そして、「内政干渉に屈するな」という強硬派の意見に対置して宥和派が持ち出す「解決策」は、「標準服構想を再評価しよう」、あるいは「ブレザー型の新しいデザインの服を、制服として制定し直せばいい」という二種類だけで、「全校集会」のときの確認事項は何だったのかという最も根本的な議論は、持ち出す者すらいない。

この学校のことを長年観察しているわたしとしては、歯がゆく思えてならない。もし、A校から講演に招いていただける機会があれば、わたしは次のことを声を大にして訴えたい。

「解決策はただひとつ、『服装は自由です。旧制服も、それを好む者が私服として着ることは自由です。ただし、そのような自由を行使して着るその服は〝制服という名の私服〟なんだということだけは、制服派も忘れないようにしましょう。自由には責任がともなうことをみんなが自覚し、自律の精神を何よりも尊ぶ品位のある学園を築きましょう』――このように、誇りをもってはっきり宣言しなおすことだけが、この不毛な迷宮からの出口なのです」、と。

＊　＊　＊

以上の寓話の意味がよくわからないという人は、「A校」を「日本国」、「制服」を「国家神道（靖国神社）」、「服装自由化決定」を「信教の自由と政教分離を定めた憲法20条」、「標準服構想」を「靖国神社特殊法人化構想（靖国神社国家護持法案）」、「ブレザー型の新制服を制定しなおして、制服派にはそれを着ろと命じる」ことを「靖国神社をして、A級戦犯を、分祀せしめる」ことと読み直してみてください。

第1部

靖国問題Q&A

Q1 靖国問題は1985年に始まったのか？

【質問】靖国問題は、1985年8月15日に当時の中曽根康弘首相が靖国神社に「公式参拝」したのに対して、中国政府からクレームがついたのが発端だと聞いています。この理解で正しいでしょうか？

【回答】そのような理解こそが、靖国神社をめぐる諸問題についての論議を不毛なものとする病根です。

靖国神社は、1869年に戊辰戦争での新政府軍側の戦死者を神道の神として祀る神社「東京招魂社」として発足し、さかのぼって幕末動乱での勤王側の死者も祀り、維新後の内乱での政府軍側の死者も祀り、さらに対外戦争での日本軍の戦死者を祀る神社として発展してきた歴史をもつ宗教施設です（春山51〜54頁）。1879年から現在の名称になりました。太平洋戦争の敗戦に至るまで、それは軍の施設、ひいては国家の施設でした。

このような施設を敗戦後の社会がどう受け継ぐかについては、紆余曲折がありました。結論としては、戦死者を神道の神として祀るという宗教的性格は維持したまま、その運営主体を宗教法人という民間団体にすることで決着しました。事実、その趣旨に沿って設立された宗教法人靖国神社（登記上の表記は「靖國神社」）に奉仕する宮司以下の神職は、現に宗教家としての自覚をもって祭祀の儀礼をうやうやしく執り行なっており、これを「宗教ではない」と言うことは困難です。

そして、日本国憲法には、「いかなる宗教団体も、国から特権を受け、又は政治上の権力を行使してはならない」（20条1項後段）、「国及びその機関は、宗教教育その他いかなる宗教的活動もしてはならない」（20条3項）、「公金その他の公の財産は、宗教上の組織若しくは団体の使用、便益若しくは維持のため、又は公の支配に属しない慈善、教育若しくは博愛の事業に対し、これを支出し、又はその利用に供してはならない」（89条）という「政教分離」の原則が定められたので、靖国神社に関して「戦没者を祀る施設なのだから、これに国が関与するのは当然である」というよくある主張は、当然の主張とは言えなくなったのです。

しかし、このような憲法論に抵抗を覚える感情が、国民のあいだにかなり広く見られるのは事実です。その感情を支持基盤として、戦後における国と靖国神社の関係を不自然なものだと評価し、これを改変しようという運動が、占領の終わった直後から起こってきました。こうして「戦前に国家の施設であった靖国神社が戦後は民間の一宗教法人として存続することになった事実と、にもかかわらず同神社の公的復権を求める社会的勢力が存在する事実の結果として生じた諸問題の総体」としての「靖国神社問題（略称：靖国問題）」が発生したのです。

愛媛県知事が靖国神社の祭典に捧げる玉串料を県費から支出したことを違憲として住民が争った愛媛玉串料訴訟（１９９７年４月２日最高裁大法廷判決）はその一例で、県知事の当該行為が違憲と判断されたのは、靖国問題の歴史の重要なエポックです（資料【四九六】）。

この事件での愛媛県知事の行為は、「靖国神社が現行法上宗教法人として扱われていることは事実だけれど、国のために戦った戦死者を祀っている施設なのだから、そこに表敬する行為は社会的儀礼であり、公的機関に許される行為だ。この問題に憲法の政教分離規定を杓子定規にあてはめるのは非現実的だ」といった思想によるものでしょう。

そこからさらに一歩踏み込んで、「そもそも靖国神社が宗教として扱われていること自体が不自然なのだから、宗教ではなくて公的なものだとはっきり規定し直して、再国営化をめざせばよい。そうすれば話はすっきりする」という考え方もあります。この場合の目標を靖国神社の「国家護持」と言います。

靖国神社国家護持運動は、占領下で１９４７年に組織された「日本遺族厚生連盟」の後身「財団法人日本遺族会」（１９５３年３月認可）が、改組後まもなくスローガンとして掲げて以来、ずっと続けられてきた運動です。具体的には靖国神社を私法人から日本放送協会などと同様の特殊法人[*1]へと改組し、公然と国の支援を受けられる組織にしようというものです。この運動は日本遺族会が自由民主党の国会議員と協力してまとめた「靖国神社法案」へと結実し、１９６９年から５回にわたってそれが国会に上程されるまでになりました。

しかし、同文の法案が毎年上程されては審議にも入れないまま廃案となることが４回くり返されました。5回目の1973年に継続審査とされたあと、翌1974年5月25日に衆議院だけを通過しましたが（資料【四七四】）、参議院では審議に入れないまま廃案となりました。以後、この法案は二度と上程されていません。

「国のために死んだ者を祀る施設を、国が公的に遇して何が悪い。ごく自然なことではないか」といった、一見わかりやすそうに思える考え方を盛った法案が、どうして自民党が過半数を制している国会で通らなかったのか？——ここにこそ、靖国問題を考える際に必ず踏まえねばならないキーポイントがあります。

この論点をなおざりにしたまま、中曽根参拝を機に外国がどうクレームをつけたとか、それが正当か不当かなどという論点を靖国問題の主要論点だと取り違えているところに、昨今の靖国論議の不毛さがあります。

靖国神社法案が挫折したあと、国家護持運動の担い手たちは、当面国家護持は無理でも、靖国神社を事実上の公的施設として広く内外に認知させ、外国使節にも公式に表敬してもらえる場所にするために、まずは首相が終戦記念日に公式に参拝する慣行を確立しようという迂回戦術に出ました。これを「公式参拝運動」と言います。

戦後、靖国神社への首相の参拝は、1945年11月20日を最後に占領下で途絶えていたのが、占領末期にGHQ（連合国軍最高司令官総司令部）のお目こぼし[*2]を得た吉田茂首相が1951年の秋の例大祭（10月18日）に参拝するかたちで復活し、以来、春秋の例大祭の際にはしばしば行なわれていました。ただし、公私の別は曖昧なままでした。[*3]

「公用車で乗りつけ、内閣総理大臣という肩書きを記帳して参拝するのを公式参拝と呼ぶのなら、すでにあれらの参拝は公式参拝だった。だから、後に中曽根首相が公式参拝したのも、あれらの慣行を踏襲したにすぎず、最初から何ら憚ることはなかったはずだ」と、右翼的な人はよく言います。その人たちのあいだで流行っている説に「三木武夫元凶説」というのがあります。靖国神社法案が最終的に廃案になった翌年の1975年8月15日、三木武夫首相が終戦記念日の首相参拝としては初めての例となる参拝をするにあたって、公式参拝運動を推進していた右派的グループの期待に一応は答えるものの、波風を立てるのを避けて私的参拝であることを強調し、①公用車を用いない、②内閣総理大臣という肩書きを記帳しない、③公職者を随伴しない、④玉串料を公費から支出しない、の4点を表明したうえでの参拝という「弱腰」な姿勢をとったことが禍根を残した、というのです（板垣正『靖国公式参拝運動の総括』28頁）。実際それ以来、閣僚や国会議員が靖国神社に参拝するたびにマスコミの取材陣がマイクを突きつけて「公人としてですか、私人としてですか？」と問うことが年中行事のようになりました。

この状況を〝克服〟し、晴れて「首相の公式参拝は合憲である」との憲法解釈を確立して、憚ることなく堂々と首相の終戦記念日公式参拝を実現しようというのが、その後の右派の課題となりました。1976年、日本遺族会の関連団体「英霊にこたえる会」が結成され、保守的な人の多い地方議会を足場に、公式参拝を要望する意見書などを採択させて中央を包囲するという草の根の国民運動を組織しました。1981年には「みんなで靖国神社に参拝する国会議員の会」という超党派の議員連盟も結成され、毎年春秋の例大祭や終戦記念日に大挙して靖国神社への集団参拝を実行するという、一種の示威行動をくり返すようになりました。自民党議員が中心ですが、他党の一部議員も加盟しています。

こうして高まってきた期待に前向きに答えようとしたのが1982年11月に就任した中曽根康弘首相で、終戦後40年にあたる1985年の終戦記念日にはぜひ公式参拝を実現したいと意欲を燃やしました。そのためには、先立つ鈴木善幸内閣の時代に出された1980年11月17日の政府公式見解（資料【四八二】）に「内閣総理大臣その他の国務大臣が国務大臣としての資格で靖国神社に参拝することは……違憲ではないかとの疑いをなお否定できない」とあったのを、くつがえす必要がありました。中曽根内閣は目標時点の1年ちょっと前の1984年7月17日に藤波孝生官房長官の私的諮問機関として「閣僚の靖国神社参拝問題に関する懇談会（略称：靖国懇）」を発足させ、この問題についての審議を求めました。「公式参拝をしても憲法違反にはならない」というお墨付きを出させたかったわけです。そして、1年余にわたる審議を経て1985年8月9日に懇談会が提出した「……最高裁判決に言う目的及び効果の面で種々配意することにより、政教分離原則に抵触しない何らかの方式による公式参拝の途があり得る」との報告書（資料【八〇八】）を受け取ると、それを参考にしたと称して、わずか5日のあいだにあわただしく内閣独自の新しい見解をまとめ、参拝前日の8月14日に内閣官房長官談話として発表しました（資料【四八七】）。憲法の政教分離規定との関係を「強く留意」して「この公式参拝が宗教的意義を有しないことをその方式等の面で客観的に明らかにしつつ」参拝を実行するというのです。こうして実現したのが、今日靖国問題の起源であるかのように誤解されている「1985年の中曽根首相公式参拝」だったのです。

この参拝に際して中曽根首相は、神道という宗教の作法に従っての参拝ではない旨を強調するために、手水は使わない、お祓いも受けない、神道の正式な参拝作法である「二礼、二拍手、一礼」は避け、深々と一礼するにとどめる、公費から3万円を支出するが玉串料としてではなく供花料としてであると宣言し、これで「憲法に反しない」参拝になったとのだと言い張りました。

このとき、中曽根首相の主たる関心は、「およそ国のために戦って死んだ者に国が公的に礼を尽くすことができなくては国家たるものの筋が通らない」といった近代国家主義の共通項とでもいうべき思想[*4]と、参拝方法に自己流の独自色を出すことで「これは宗教活動ではなく社会的儀礼なのだ」という意味づけを強調するという点にありました。外国との関係については、戦争を美化しての参拝ではないことを事前にしっかり宣言しておくこと以外、さほど強く意識した形跡はありません。

この参拝に対して中国政府が神経質な反応を示したのは直前の8月14日以降であり（板垣前掲書163頁）、それがわが国の新聞で報道されたのは翌日の15日当日。「A級戦犯まで祀ってあるところに……」という理由づけが強調されるようになったのは、事後的にでした。

結局、このときの中国側の態度硬化を知らせる報道は9月、10月まで続き、韓国もまた抗議に加わり、その影響で中曽根首相はその秋以降、例大祭への列席も見合わせることになります。中曽根首相はそれでもなお再度の8月15日公式参拝をしたいとの執念を燃やし続けましたが、すったもんだのあげく、1986年には終戦記念日直前の8月14日になって後藤田正晴官房長官が、「昨年と同じことはしません」との趣旨の談話（資料【四九二】）を発表して、ことを収める結果となりました。

それ以降、日本の首相や閣僚が靖国神社に参拝するかしないかが、つねに外交問題として意識され、首相になったら在任中は靖国参拝を控える（同時に、閣僚のうち少なくとも外務大臣と内閣官房長官は参拝を控える）というのが、まるでわが国の新たな慣行のようになってしまいました。そして、そうする動機は東アジア近隣諸国への外交的配慮であるとの理解が、外国からの観測としてだけでなく、国内的にも共有される状態が生じました。

この「慣行」を敢えて破ったのは、20世紀のうちは１９９７年の橋本龍太郎首相（ただし終戦記念日ではなく自分の誕生日に）だけでしたが、その状態を「外圧に屈した不甲斐ないことだ」と受けとめる感情が、政治家だけでなく民衆のあいだにもくすぶり続けることになります。

その「くすぶっている感情」を巧みに支持獲得のバネにしようとしたのが、21世紀に入って在任中に6回にわたって（２００１年～２００６年）靖国参拝をくり返した小泉純一郎首相と、第２次政権のとき1回だけ（２０１３年12月26日）参拝してみせた安倍晋三首相だったわけです。

このような「外交問題としての靖国問題」は、先にわたしが定義した靖国神社問題の中ではほんの一部分をなすものにすぎず、誤解を恐れずに言えば「靖国問題にあとから付け加わったおまけ」のようなものです。

＊１　特殊法人とは２０２３年現在の定義では「法人のうち、その法人を設立する旨の具体的な法令の規定に基づいて設立され、独立行政法人、認可法人、特別民間法人のいずれにも該当しないもの」となってお

り、「営利目的の市場原理による実施では不可能か、不可能に近いような事業を実施を目的として設立されることが通常であ」り、「公団、公社、事業団、特殊銀行、金庫、公庫、特殊会社など多岐にわたる形態があり」、「運営上は、法人税や固定資産税などの納税が免除されたり、日本国政府の財政投融資による資金調達が可能であるなど、大きな特典を有している反面、事業計画には国会の承認が必要となること、不採算事業からの撤退が簡単には出来ない点など、国や政治家の意向に大きく左右される点も有する」（ウィキペディア）。２０２３年現在では日本放送協会、日本中央競馬会、日本年金機構など23法人が該当する。世間一般では、この狭い定義に当てはまるものだけでなく、日本赤十字社（認可法人）、日本銀行（認可法人）なども「特殊法人」という言葉で言及されることが多い。

＊2　従来、この許可はわりとあっさり下りたかのように思われてきたが、近年明らかになったところでは、ＧＨＱ内部では直前までこの参拝が生むかもしれない好ましくない効果への強い懸念が表明されていて、参拝を阻止しようとする動きがあった（資料【一〇二】）。

＊3　当時は「公式参拝」という語自体がまだ使われていなかった。政府が「公式参拝とは公務員が公的な資格で参拝すること」と定義を下したのは１９８０年10月28日の答弁書の中においてである（資料【四八一】）。

＊4　１９８５年7月27日に軽井沢で開かれた自民党セミナーで、中曽根は「米国にはアーリントンがある。ソ連へ行っても、外国へ行っても無名戦士の墓であるとか、そのほか国のために倒れた人に対して国民が感謝を捧げる場所がある。それは当然なことでありますさもなくして、誰が国に命を捧げるか」と発言した（資料【四八九】）。

Q2　A級戦犯を分祀すれば靖国問題は解決するのか？

【質問】「靖国問題を解決するにはA級戦犯を分祀すればよいのだ」という主張をときどき見かけます。この意見についてどう思いますか？

【回答】はっきり言って箸にも棒にもかからない意見です。

まず、そのような主張をする人が「靖国問題」という名のもとに何をイメージしているのかを確認しておく必要があります。明らかに「1985年の中曽根康弘首相の靖国神社参拝以来わが国と中国や韓国とのあいだに種々の摩擦が起こっていること」を指して「靖国問題」だと定義しているからこそ、そういう意見を言うのでしょう。Q1で述べたとおり、そういう前提自体がおかしいのです。

確かに、中曽根首相の靖国参拝に対して中国政府がクレームをつけてきたときの主たる理由づけは「A級戦犯まで祀っているところに……」ということでした。

終戦後のいわゆる東京裁判でA級戦犯に指名されて裁かれた人のうち、刑死した7人に獄死した5人と判決前に死亡した2人を加えた合計14人が靖国神社によって「祭神」として合祀されたのは1978年10月17日のことであり、それがマスコミ報道によって世間周知のこととなったのは翌1979年4月19日、中曽根参拝の約6年前でした。

その合祀の儀式を実行した松平永芳宮司の主義主張と行動を非難する声は、中途の6年のあいだ、国内からも挙がっていました。戦争責任という言葉を好む左翼的な人々のあいだからだけではなく、天皇制を大切にする保守的な人々の一部からも（松平宮司は昭和天皇の了解を取っていなかったのではないかという理由で）挙がっていました。そのため、中曽根参拝に対して中国政府からクレームがついたとき、「だから言わないことじゃない」という調子で直接には中曽根首相を、間接的には松平宮司をも責めるという政治手法が、国内的に理解を得やすい雰囲気はありました。

そこで、その時点になって、「A級戦犯が祀ってある」という事実をあらためて〝不都合な事実〟として認識し、それが公式参拝の継続への支障となっているのなら何とかしなければという発想が、保守派内部で新たに生まれることになったのです。

しかしこうした論議は、少なくとも20世紀のうちは、進歩派を自認する朝日新聞、毎日新聞などの大手メディアからは保守派内部の些末な対立として冷ややかに受けとめられており、これを国を挙げての討論のテーマに取り上げるような機運はありませんでした。

わたしがびっくりしたのは、第2次安倍政権が成立して後の初めての終戦記念日を迎えるに先立つ2013年8月10日、朝日新聞のオピニオン面の片隅に載った「記者有論」という囲み記事を読んだときです。以下のようなものでした（以後「駒野エッセー」と呼ぶことにします）。

A級戦犯合祀　安倍首相なら元に戻せる

オピニオン編集部　駒野剛

8月15日がやってくる。靖国神社が喧噪に包まれるようになって何年たったろうか。

1985年の中曽根康弘首相（当時）の公式参拝以降、首相がこの日に参拝すれば中韓両国などから非難の声が上がり、見送りには、国内で「戦没者慰霊をおろそかにする」と不満が渦巻く。

靖国は「明治天皇の宣らせ給うた『安国』の聖旨に基き、国事に殉ぜられた人々を奉斎し」（神社規則）、明治維新以降の戦没者ら246万余柱をまつっている。

政治・外交上の問題となった火種は、極東国際軍事裁判、いわゆる東京裁判でA級戦犯として死刑判決を受けた戦時中の指導者ら14人を、78年、当時の宮司松平永芳氏がひそかに合祀したことだ。

それまでは参拝していた昭和天皇も行かれなくなる。88年当時の富田朝彦宮内庁長官に「あるときにA級が合祀され、（中略）だから私はあれ以来参拝していない。それが私の心だ」と天皇が語ったメモが見つかっている。

ところで、本殿左側に高さ3メートル、幅1・5メートルほどのお社がある。「鎮霊社」という。

靖国神社編の「やすくにの祈り」によると、ペリーの黒船来航があった1853（嘉永6）年以降「戦争・事変に関係して戦没し、本殿に祀られざる日本人の御霊と、世界各国の戦争・事変に関係した戦没者の御霊を祀る鎮霊社を建立した」という。

官軍と戦った会津の白虎隊や西南の役で政府に反旗を翻した西郷隆盛も含まれる。75年、松平氏の前任者、筑波藤麿宮司の時に建立された。

私は機会があるごとに靖国に行き、戦塵《ママ》に散った人々に頭を垂れている。しかし、彼らを戦地に送り、未曾有の国難を招いた指導者たちを同列に置くことは、どうしてもできない。

中韓に言われてでなく、日本人自らの歴史のけじめとして、指導者の失敗を厳しく糾弾し続けるべきだ。指導者の慰霊は、他の戦没者と分けられなくてはならない。その知恵の一つが「鎮霊社」ではないだろうか。

これまで政府内で分祀論が検討されたことがあったが、靖国神社や遺族の反対などで日の目を見なかった。

本来の鎮魂の場とするため、合祀以前に戻す――政治的な大技だ。現在の政治家でできるのは一人。「国のために尊い命を落とした英霊に尊崇の念を表するのは当たり前」との思いを語る安倍晋三首相の他にはいない。

文中にある「鎮霊社」というのは、「靖国神社は味方だけを慰霊・顕彰する施設で、怨親平等の思想とは相容れない」との批判をかわす目的でもあってか、「申し訳」のために設けられたような小さなお社で（その鎮座祭は1965年7月13日なので、駒野記者の記述は誤り）、筑波宮司の没後、後継の歴代宮司によってはあまり大切にされていません。

駒野記者が「その知恵の一つが『鎮霊社』ではないだろうか」と書いているのは、A級戦犯も靖国神社に合祀されてしかるべきだとの意見が出始めていた状況下、鎮霊社を設けておけば「それらの方々も本殿にこそ祀られていないものの、こっちの小さいお社のほうにはすでに祀られていますと言い訳できるので、その目的で筑波宮司によって企画されたのだろうという秦郁彦の憶説（『現代史の対決』58～59頁）を踏まえたものでしょうか。駒野記者は、A級戦犯を本殿の祭祀の対象からは外しても、もとの鎮霊社にお戻りいただくだけだから、不可能ではなかろうとでも言いたがっているようです。

駒野記者がいやしくも天下に名だたる朝日新聞の記者として長年日本政治を追ってきた人なら、安倍晋三のコアな支持者たちの思想が「A級戦犯という呼び方そのものが東京裁判を肯定する史観に立つ言葉であって、容認できない」とか「それを靖国神社から取り除くなど、中韓の思うつぼに嵌《は》まることで、もってのほかだ」とかいった思想であることは、重々わかっていたはずです。だから、安倍首相がこの勧告に応えることなどあり得ないことも、わかっていたはずです。

わかっていてなぜこんなエッセーを書いたのか？

ひとつは、（戦前はともあれ）戦後は一貫して保守政治への警鐘を鳴らす「木鐸」を以て任じてきた朝日新聞として、一応は〝進歩的〟なポーズを保っておかねばならないので、近年人気が落ち目な「ゴリゴリ左翼」の紋切り型の主張は避けるものの、「少なくとも靖国神社がA級戦犯まで祀っていることは問題だ」という、進歩派と穏健保守派の最大公約数的な認識の線は守って、ウィングを広げようとしたためかと推測されます。実際、このエッセーのメインの主張は、野中広務元自民党幹事長や古賀誠元日本遺族会会長など穏健保守の人々が当時唱えていた「A級戦犯分祀論」をなぞったものになっています。

それと同時にこのエッセーは、最後のところでわざと安倍首相に対するリップサービスをしてみせたうえで、その賛辞を彼の極右的イデオロギーの暴走を制止する「褒め殺し」の道具として活用しています。一種の「高等戦術」ないし「変化球」と読めないこともありません。

「これこのとおり、わたしは安倍首相を褒めて牽制するという賢い手を使えるんですよ。これで、今まで朝日新聞を支持してきてくれた〝進歩的〟な方々も、ご納得くださるでしょう」と言いたかったのかもしれません。

ところがわたしに言わせれば、これぞ、策士策に溺れて、それまで朝日新聞的ジャーナリズムが拠り所としてきた〝進歩的〟理念をみずから掘り崩す愚のきわみ。

すでに、21世紀に入って小泉首相の毎年1回の靖国参拝が続いていたころから、靖国問題をめぐる〝進歩的〟人々の意見が従来のような明快さを失い、靖国問題を外交問題と取り違える俗論を否定しない範囲内での、歯切れの悪い立論が目立つようになってきていました。ジャーナリストの世代交代によるとみられるこの変化を、わたしは「迷走」とみていましたが、この駒野エッセーこそはそうした変化の行き着いた終着駅、いわば「迷走のなれの果て」です。

駒野エッセーは個人署名記事ですから、社の公的な立場を表明する社説とは性格が異なるかもしれませんが、それにしても、愛媛玉串料訴訟の最高裁大法廷判決が下った翌日（1997年4月3日）の朝刊に載ったつぎの社説と比較したとき、わたしは隔世の感を覚えました。16年間で朝日新聞はこうまで退化したのかと。

厳格な政教分離を求めた司法

愛媛県が靖国神社や県護国神社に玉串料などを支出したことが合憲か違憲かが争われた裁判で、最高裁大法廷は、支出は違憲だとする判決を言い渡した。

白石春樹前知事（故人）側は「戦没者慰霊などが目的の社会的儀礼にすぎない」と主張していた。

これに対し最高裁は神社への玉串料などの宗教性を重視して、「国及びその機関は、いかなる宗教的活動もしてはならない」と規定した憲法に反すると判断した。

靖国神社公式参拝などをめぐり、憲法上「許されない活動」と「許される活動」の境界があいまいにされがちな現状に対し、政教分離原則に照らして、明確な線を引いた画期的な判決である。評価したい。

戦没者を追悼すること自体は、いうまでもなく自然な心情だ。しかし、国や自治体が特定の宗教を援助するような公費支出をすることの是非は、それとは別の問題である。ほかにも、心のこもったさまざまな追悼の仕方はあるはずだ。

前知事側は、靖国神社を「戦没者慰霊の中心施設だ」と主張したが、そう考えない人もいるだろう。政教分離は、宗教的な少数者も含め、国民一人ひとりの信教の自由を実質的に守る意味を持っている。

裁判で問題になった県の支出は計十六万六千円だ。「目くじらを立てなくても」という受け取り方もあるかもしれない。

しかし、厳格な政教分離規定が設けられた原点は、戦前から戦中にかけて「国家神道」が軍国主義の精神的支柱となり、あるいは一部の宗教団体が迫害されたことへの反省だったことを思い起こしたい。

今回の最高裁による違憲判決は、三つの面で大きな意義がある。

第一は、各地裁、高裁段階で判断が揺れ続けてきた政教分離問題の解釈に、新たな手がかりを示したことだ。

津市が神式で体育館の起工式をしたことの是非が問われた「津地鎮祭訴訟」で、最高裁は二十年前に判断基準を示した。憲法が禁じる宗教的活動とは「目的が宗教的意義をもち、その効果が宗教に対する援助や干渉になるような行為」というものだ。

しかし、その基準はやや抽象的であり、結論は合憲だった。

今回の判決も、判断基準としてはこの判例を踏襲したが、最高裁として初めて違憲となる事例を示した。「地鎮祭」は認められるが、「玉串料」になると違憲だという目安が示されたことになる。

第二は、この判決が首相や閣僚の「靖国公式参拝」への動きなど、政教分離原則をなし崩しにしようとする流れに対して、ひとつの歯止めとなることだ。

判決の多数意見は公式参拝に直接言及してはいないが、靖国神社を明らかな宗教団体としたうえで、慰霊の名目であろうと、「特定の宗教団体への特別のかかわり合い」を厳しく戒めた。首相や閣僚たちは、この趣旨を重く受け止めるべきである。

第三に注目したいのは、政府や国会に対してともすれば弱腰だ、と言われてきた司法が、重要な問題でチェック機能を果たしたことだ。

憲法が国民に保障する基本的人権は、司法が違憲審査権をきちんと用いなければ、絵にかいたもちになりかねない。今後も最高裁に、こうした問題での毅然とした姿勢を期待したい。

日本の憲法は今年、施行五十年にあたる。こうした判決の積み重ねが、信教の自由、政教分離など、憲法が掲げた理念を現実に生かしていく道だ。

要するに、大切なのは信教の自由と政教分離を定めた憲法20条であり、国や地方自治体の靖国神社へのかかわりの適否は、最終的にはこの憲法に照らして判断されねばならないということを言っているのです。

その基準に照らしたとき、駒野エッセーの勧める「A級戦犯の分祀」とはいったい何でしょうか。ある神社に「霊」が祀られて現にそこに「いる」とか「いない」とかいう問題は、現世の経験知を超えた宗教的信念のレベルの話です。靖国神社自身は「いったん合祀祭を経て当神社のご祭神として祀られたからには、その神霊は当神社におわします」との信念を拠り所とし、この信念を共有する人々によって支えられている宗教団体です。そういう宗教団体に対して国が勝手に「祭神」をあわせよこうせよと介入することは、明らかに信教の自由（憲法20条第1項前半）に対する侵害行為です。また、駒野記者が野中広務や古賀誠の意見に賛同して「靖国神社をしてA級戦犯を分祀せしめる」という仕事（駒野の言葉どおりに書けば「政治的な大技」）を安倍首相に期待するということは、要するに「その仕事が成し遂げられたあとならば、外国からのクレームを受けることなく、日本の首相や閣僚は晴れて公式に靖国神社参拝をできるようになりますよ」と言っているわけで、憲法20条3項に違反する「国及びその機関の宗教的活動」を将来に期待したうえでの勧告ということになります。ひいては、違憲な行為のそそのかしです。

それにそもそも、いったん「祀られた」と当の神社が主張している「神」を、その座から「外せ」というのは、「外された、と信ぜられるような状態を作り出せ」ということでしょう。それが仮に教義上何らかの儀式によって可能だとしても、宮司以下の神職が執行するその儀式が確かになされたということを、いったいだれが法的に有効なものとして確認するのですか？　内閣総理大臣？　裁判所？　宮内庁？　――これまで日本国憲法下で、国の機関が宗教に介入する違憲の疑いのあることをいろいろやってきたといっても、これほどひどい介入は、いまだかつてないではありませんか。

「1997年4月3日社説」の立場から「駒野エッセー」の立場への移行は、程度問題ではなく質的転換です。そのことを駒野記者自身が自覚していないらしいのが致命的です。「ゴリゴリ左翼」の主張はこのごろ人気がないから、ウィングを広げて穏健保守との一致点に軟着陸しようと試みたとでも言いたいのであれば、この人は最初から立憲政治において何がいちばん大切かをわかっていなかったことになります。

もしわかっていてわざとこのようなエッセーを書いたとすれば、その年、靖国参拝をめざして意欲を燃やしていた安倍首相（実際、12月26日にそれを実行することになる）に対して、露払いになるサービスを意図的にやったのだと疑われます。「A級戦犯の分祀さえ実現できれば、首相や閣僚の靖国参拝は、本来何の問題もないことなんだが……」という考えへと国民をミスリードすることで――憲法問題から目をそらさせることで――、来たるべき安倍参拝に対する批判をあらかじめ極小化しておいてあげるという手の込んだサービスを。

Q3　合祀、分祀という言葉の意味は？

【質問】靖国問題が論じられる際に出てくる「合祀」と「分祀」という言葉について説明して下さい。

【回答】靖国神社が言うところの「合祀」は、戦死者が出るごとに、それらをつぎつぎに従来の祭神に追加して祀るという、同神社の特殊な実践を指す言葉として創作されたものです。

それを説明する前に言っておけば、そもそも明治維新は、宗教制度史の面においては、神社を「国家の宗祀《そうし》」と規定し、それ以外の宗教とは一線を画した特別な地位に置くという大改革をともなっていました。皇室ゆかりの神を祀った伊勢神宮以下の格式の高い神社を頂点に、官幣社、国幣社、府県社、郷社、村社などの社格を設けて、神社を階層的に組織し、行政上も一般宗教とは区別した扱いをするという制度が、その改革の結果確立されました。楠木正成を祀る湊川神社を始め、南北朝動乱期に南朝側で戦った「忠臣」を祀る神社が多く創建されたり、神武天皇を祀る橿原神宮や桓武天皇を祀る平安神宮のような、歴代天皇のうち事績の顕著だった者を祀る神宮が新たに創建されたのもこの時期です。学術上は「国家神道」と呼ばれています。

その変革のまっただ中で、軍の施設である靖国神社もまた成立したのですが、それ以外の一般の神社は内務省の管轄とされていました（神社以外の諸宗教は、1900年に内務省社寺局が神社局と宗教局に分けられたことで神社との別扱いが確立され、さらに1913年には文部省の管轄下に移されました）。

明治末期、神社を国民道徳宣揚の場にふさわしい荘厳なものにしたかった内務省が、集落ごとに存在するような小さな神社はいくつかまとめて、地域を代表するある程度規模の大きい神社に吸収合併してしまう政策を推し進めた時期があります。それが「神社合祀政策」と呼ばれました（森岡清美『近代の集落神社と国家統制』）。その場合の合祀とは、小さな神社のご神体を大きな神社の本殿の脇に設ける末社とか摂社とかいうお宮に移すとか、もしくは、本殿の中の、主祭神のご神体からは少し離れた場所に安置して祀るとかいうことで、再び分けたければ分けることもできるものでした。

靖国神社での「合祀」は、文字こそ同じでも、これとは別の意味をもっています。

靖国神社の前身である東京招魂社が発足したのは戊辰戦争が終わった直後の1869年6月29日（旧暦）です。その初回のときに祀られた戊辰戦争の新政府軍側戦死者3588名について「合祀」という語を用いたかどうかについては、靖国神社自身の提供している情報に揺らぎがありますが、第2回以降の、すでに祀られている祭神に追加して新祭神を「合わせ祀る」ことは、確実に合祀と呼ばれています。[*5]

国家神道時代の神社は、それまで地域の伝統として守られてきた民俗的な神社でも、すべて天皇への忠誠という価値観と深く結びつけられましたが、特に靖国神社の場合は、端的に天皇のための戦争で死ぬことで忠君愛国の範を垂れたことが祀られる条件でした。軍がこれこれの者を祀りたいと決めた段階で、天皇にその名簿を「上奏」して、「祀ってよろしい」という「ご裁可」を受けることになっていました。

「ご裁可」が下りると、靖国神社で彼らの姓名、本籍地、所属部隊、階級、戦死の年月日、戦死場所などを和紙に毛筆で清書する作業を行ない、一連の新祭神予定者の名簿を綴じた「霊璽簿《れいじぼ》」という冊子が作られました。

その祀られる資格要件を定めた「合祀基準」は時代によって変遷がありますが、基本的には軍人・軍属で、戦闘中に死亡したか、負傷後に死亡したか、戦地まで従軍したうえで病死した者でした。最後の類型（戦病死者）は日清戦争を境に認められたものです。ちなみに、1902年1月の八甲田山雪中行軍隊遭難事件の死者199名や、潜水艦開発初期の1910年に事故で浮上できずに殉職した佐久間勉艇長などは、訓練中の事故死なので、祀られていません。

合祀祭は春秋の例大祭や、合祀適格者が多く出た時に開催された臨時大祭などの際に実行されましたが、天皇の行幸を仰ぐ当日祭の前日の宵に、「招魂」と「合祀」の二段階に分けた儀式として行なわれました（以下『遊就館図録』62〜63頁、西山俊彦『靖国合祀取消し訴訟の中間報告』90〜92頁による）。まず霊璽簿を靖国神社境内の「招魂斎庭」という聖域に運び、「御羽車」という白い布で包まれた素朴なおみこしのようなものに載せます。その場で「この名簿にあるみたまよ、来たりたまえ」という意味の祝詞が唱えられると、戦死者の人霊がそこへ呼び寄せられるのだそうです。これを「招魂」と言います。

そして、灯りが消された中で、この「御羽車」だけが白く浮かび上がり、神職たちに担われて、招魂斎庭から本殿まで、戦死者遺族の居並ぶ中をしずしずと進みます。本殿に「御羽車」が運び込まれ、霊璽簿がしかるべき場所に納められると、それを依り代としていた人霊を、鏡と刀からなる本殿中央のご神体に合体させるべく、新たな祝詞が唱えられます。このとき人霊は神霊へと変化し、すでにそこに祀られていた神霊たちと一体となり、以後とこしなえにこのお宮に鎮まり、国を護るのだそうです（もっとも、神としての地位が完成するのは、翌日の天皇の親拝を経ることによってだと理解されていたようですが）。これを「合祀」と言います。

この意味での「合祀」は、靖国神社とその支援者が主張するところによると、コップ一杯の水を大きな甕に注いで一緒にするようなものであって、合祀された神様はすでに一体になっておられ、そのうち特定の「みたま」を分けて別にしろというのは甕の水から「さっきのコップ一杯の分だけを元に戻して下さい」というようなもので、本来的にできない話だそうです（渡部114頁）。

さらにこの議論に関連して靖国神社からは「分祀」という言葉の使い方をまちがえるなという主張も飛び出してきました。そもそも神社神道でいう分祀とは、火種となるロウソクの火を別のロウソクに分けてあげて、持ち帰ることを許すようなものであり、分祀をしたところで、もとのロウソクの火が消えるわけではなく、神霊のおわします場所がもとの神社と分祀先の神社と二か所に増えるだけだ、とかいうのです（渡部116〜117頁）。

この意味での「分祀」という言葉は「勧請《かんじょう》」という言葉とほぼ同じ意味かと推測されます。例えば、全国にたくさんある八幡様は、最初は九州の宇佐八幡宮にだけ祀られていた神だそうです。それが東大寺を守護する手向山《たむけやま》八幡宮として奈良にも祀られたり、京都の貴族たちがお参りしやすいように石清水《いわしみず》八幡宮として京都の南に祀られたりしたのを皮切りに、全国津々浦々に広まって、「村の鎮守の八幡様」が膨大な数存在するのが日本の現状です。あれらの小さな八幡様は、いずれも、新たに村の八幡様を祀りたい人が直接宇佐に出向くか、あるいは石清水に出向くなどして、ロウソクの火移しに相当する儀式をしてもらい、依り代になるお札か何かを授かってきて祀ったのが起こりでしょう。この種のことは「○○村の鎮守として石清水から八幡様を勧請した」というような記録となって多くの文書に書かれています。結果は八幡様のおわします場が増えただけで、宇佐でも石清水でも神様の「みたま」は水の一滴分も減ってはいない（と理解されている）のだそうです。

しかし、政治家などが言い出した「A級戦犯分祀論」というのは、要するにA級戦犯を靖国神社の祭神から外して彼らだけの別のお宮に祀り直せという意味であって、それを何と呼ぶかはたんに言葉の問題です。「分祀」と呼びたい人がそう呼んでも、それはその人が造った新しい定義だと思えばよいので、特に「誤りだ」と目くじらを立てる必要もないでしょう。

＊5　靖国神社の公式な史書である『靖國神社百年史資料篇上』や『新訂増補靖國神社略年表』において、神社の歴史を後日振り返って記述している文の見出しや括弧書きとしては「第一回合祀」という語が複数回出てくるが（『資料篇上』１５９頁、３５０頁、３６８頁、『略年表』28頁）、東京招魂社鎮座の際に催行さ

れた祭典の、予告段階から当日に至るリアルタイムの文書をそのまま転載している箇所には、「招魂」という語はあっても「合祀」という語はみつからない（『資料篇上』26～34頁）。それにひきかえ、第二回合祀の予定を告げた明治7年（1874年）8月18日の「太政官達」には「先般佐賀県賊徒追討の節戦死の者、本月二十八日、東京九段坂上に於て招魂祭行わせられ、自今は同所招魂社へ合祀、毎年一月二十七日祭典挙行候。心得の為、この旨相達し候事」（『資料篇上』159～160頁）とある。

Q4「昭和天皇のご遺志」が大切か？

【質問】昭和天皇がA級戦犯の合祀を快く思っておらず、それゆえ晩年は靖国神社参拝をしなかったということを記した富田朝彦《ともひこ》元宮内庁長官のメモが発見されています。この「昭和天皇のご遺志」を尊重することが大切ではないでしょうか？

【回答】いわゆる「富田メモ」のことですね。

富田メモが日本経済新聞の朝刊第1面にスクープ記事として載ったのは2006年7月20日のことでした。宮内庁長官を務めていた富田朝彦が晩年の昭和天皇の肉声を折りに触れて記録していた一連のメモ帳の中に、天皇の亡くなる前年の4月28日の日付で、つぎのような記述があるというものです。

私は　或る時に　A級が合祀されその上　松岡、白取までもが、

筑波は慎重に対処してくれたと聞いたが
松平の子の今の宮司がどう考えたのか　易々と
松平は　平和に強い考えがあったと思うのに　親の心子知らずと思っている
だから、私あれ以来参拝していない　それが私の心だ

「松岡」は近衛文麿内閣の外務大臣として日独伊三国同盟へと突き進んだ松岡洋右《ようすけ》のこと、「白取」は同じ時のイタリア駐在大使白鳥敏夫のことをメモが誤記したものとみられます。「筑波」は１９４６年１月から１９７８年３月まで靖国神社の宮司を務め、在職のまま逝去した筑波藤麿のこと、「松平」は終戦直後に宮内大臣を務めた松平慶民《よしたみ》のこと、「松平の子の今の宮司」がＡ級戦犯合祀を実行した松平永芳のことです。

松平宮司は国粋主義的な思想の持ち主で、司法界のタカ派として知られていた石田和外《かずと》元最高裁長官の推薦で宮司になった人です。宮司退任後に雑誌『諸君！』に寄稿した「誰が御霊を汚したのか――『靖国』奉仕十四年の無念」という一文で、自分はかねてより「すべて日本が悪い」という東京裁判史観を否定しないかぎり、日本の精神復興はできないと考えていたと述懐しています（１６６頁）。筑波の跡を襲って１９７８年７月に宮司に就任した直後、崇敬者総代会の議事録を調べて、Ａ級戦犯を合祀の対象とする方針はすでに総代会で決められているが、筑波宮司がその決定を「宮司預かり」にしたまま、時期はペンディングにされていることを知り、この際、秋の例大祭に間に合うようにと、合祀の準備作業に入ったそうです。ちなみに、旧日本軍なきあと民間の宗教

法人となって生き延びた靖国神社では、定員10名の崇敬者総代会が宮司の選任権をもつと同時に、合祀諮問機関にもなっていました。

戦後の靖国神社が合祀適格基準をどう決めていたか、その適格基準にのっとって神社が適否を判断する戦死者の名簿はどうやって入手していたか、およびA級戦犯の名簿はいつ神社に送られてきたかについては、後の章で述べますので、ここでは省略します。いずれにせよ、戦後も合祀にあたっては候補者名簿である「上奏簿」を靖国神社が作成して事前に天皇のもとへ届けるのが慣例となっており、侍従職から「天皇はご異存がない」という「ご内意」を示されたうえで合祀祭を執行するのが通例でした。筑波宮司はA級戦犯を合祀候補者として神社に紹介する名簿を受け取っても、彼らの名を含めた「上奏簿」を作成して提出すれば「ご内意」は得られないだろうと察知して、上奏を控えていたようです。

そこに介入したのが合祀諮問機関である崇敬者総代会で、そのメンバーには自身A級戦犯に指名され、実刑判決（終身刑、ただし後に釈放）を受けた元東条内閣閣僚（大蔵大臣）の賀屋興宣《かやおきのり》や、不起訴にはなったもののA級戦犯容疑者として巣鴨プリズンに3年間拘置された同じく元東条内閣閣僚（大東亜大臣）の青木一男などが名を連ねていました。この総代会が1970年6月30日の会合で合祀すべしとの結論を出しました。青木一男が「合祀しないと東京裁判の結果を認めたことになる」「戦争責任者として合祀しないとなると神社の責任は重いぞ」などと強硬に迫り、筑波は「ご方針に従う。時期は慎重に考慮したい」と引き取った（徳川義寛・岩井克己『侍従長の遺言』181頁）とのことです。

それを強引に合祀した松平宮司については、昭和天皇の「ご内意」を得られないまま独断専行でやったのではないかとの憶測が、合祀の発覚後早くから唱えられていました。1975年の11月を最後に昭和天皇の靖国神社参拝が途絶えたのは、3年後に行なわれたA級戦犯合祀が原因だったのではないか、との憶測も流れました（保阪142〜143頁）。

これに対して、Q1で触れた「三木武夫元凶説」を支持する人たちにあいだからは、1975年8月15日に三木首相が「私人としての参拝」であるなどと余計なことを言ったせいで、その後首相や閣僚のみならず天皇についても、参拝は公的なものか私的なものかといちいち問われる状態が生じ、意見の対立がある場には出られない皇族の立場として、昭和天皇は参拝を控えざるをえなくなったのだとの説が唱えられていました（保阪142〜143頁）。

こうした論争は靖国神社問題の本質とは関係のない次元のことなので、わたし自身はどっちの説が真相に近かろうがかまわないと思いますが、1997年2月に出版された元侍従長の徳川義寛の回想録に、自分が侍従次長だった1978年当時を回想したつぎのような記述があることが、注目されます（『侍従長の遺言』180頁）。

靖国神社の合祀者名簿は、いつもは十月に神社が出して来たものを陛下のお手元に上げることになっていたんですが、昭和五十三（一九七八）年は遅れて十一月に出して来た。「A級戦犯の十四人を合祀した」と言う。私は「一般にもわかって問題になるのではないか」と文句を言ったが、先方は「遺族にしか知らせない」「外には公にしませんから」と言っていた。やはりなにかやましいところがあったのでしょう。

そうしたら翌年四月に新聞に大きく出て騒ぎになった。そりゃあ、わかってしまいますよね。

「陛下のご意向」を大切にする人々からみれば、これはゆゆしきことで、この本が出版されて以後、訳知りのあいだでは「松平宮司独断専行説」が支配的になっていました。

2006年の7月に報道された「富田メモ発見」のニュースは、そういう訳知りの人にとっては「やはりそうだったか」と確認できる補強材料が出てきたというだけのニュースだったのですが、それが大々的に報道された時期が小泉政権の終わりに近い時期だったことについては、意図的なものが感じられます。

任期満了を控え、公約どおりの8月15日参拝を今年こそは完遂したいと情熱を燃やしていた小泉首相の勢いは、もはやだれも止めようがなかったけれど（実際、その年の8月15日にそれを実行した）、後継首相にも同じことを続けてもらっては中国での商売に差し障るから、もういい加減、政治家の意地に振り回されるのはご免こうむりたいとの感想が、経済界では強くなっていた時期でした。この際、「A級戦犯が合祀してある靖国神社への首相の参拝は、昭和天皇のお気持ちに沿うことではない」との情報が大々的に流れれば、後継首相に対しては強い牽制になるとの判断を、道理のわかる人はだれでも抱くはずです。当時、後継首相の候補として最も有力だったのが極右的イデオロギーの持ち主である安倍晋三とあってみれば、なおさらです。

もしかすると、日本経済新聞での大々的報道は、安倍〝次期首相〟にも事前に伝えられ、その了解も得たうえでの報道だったかもしれません。そうでなく、安倍にとっては寝耳に水の報道だったとしても、結果としてこの報道は彼にとって損なことではなかったはずです。首相になれたら小泉の志を継いで靖国参拝を継続したいとの意志を折りあるごとに表明して、引くに引けず、振り上げた拳の降ろし所がない状態になっていた安倍〝次期首相〟にとって、現実に首相になってから靖国参拝を自粛せざるをえない状況に置かれたとしても、「これは外国の圧力に屈してのことではなく、昭和天皇のご遺志を尊重してのことだ」と匂わせることで、極右的支持層の支持をつなぎとめつつ「名誉ある撤退」ができるというのは、得なことだったでしょう（実際、その年の9月26日に首相に就任した安倍晋三は、当面は靖国参拝に執着しないことを暗に示し、翌年9月25日に第1次政権を投げ出すまでのあいだ、靖国参拝は実行しませんでした）。

ちなみに、富田メモの中で酷評されている松平宮司は、この報道の約1年前、2005年7月10日に他界しています。彼の生前は公表を憚られたであろうこのようなメモも、一周忌が終わった今ならもう世間に曝してもいい時期だから、この際「死人に口なし」で松平宮司に大いに悪役を引き受けてもらい、2001年の自民党総裁選での小泉公約以来5年間もめ続けた外交問題としての靖国問題にここで幕引きを図ろう、という動きが日本の支配層の中にあったとしてもおかしくはないでしょう。

こうしたさまざまな思惑の結果として世に広まった「筑波善玉・松平悪玉説」を、わたしはあまり買い被らないようにしています。

まず、「松平宮司は昭和天皇のお心に沿わないことをやったから不忠の臣だ」といった判断がこの言説には結びついていますが、首相や閣僚の公式参拝を批判する際に「同神社の祭神の中に、その不忠の臣が独断専行で祀った祭神があるから」ということを理由づけにするのは、主権在民の日本国憲法下での議論として、そもそもふさわしいものでしょうか。「憲法の政教分離規定に照らして……」といった正攻法の議論がなかなか国民に浸透しない風土のもとで、とりあえず多数派形成のために持ち出された方便の言説として以上には評価できません。

それに、松平宮司は「ご内意」も得られないままで……と言うのなら、そもそも民間の一宗教法人であるはずの靖国神社にだれを祭神として祀るかが、戦前の「ご裁可」に準ずる「ご内意」をうかがったうえで決まっていたという慣行自体が、憲法上、いったいどう釈明されるのかという問いが、浮上してもおかしくはないはずです。

さらには、天皇の「ご内意」はうかがっても祀られる戦没者の遺族の了解はとらないという考え方はなにゆえ正当化されるのか、という問題も起こります。戦前においては確かに、戦死者が靖国神社に祀られることは天皇から下賜される栄誉と考えられていて、遺族がそれを断わるなど最初から想定もされていませんでした。しかし戦後の靖国神社が一宗教法人になっている以上、この点は問い直されてよいはずです。

これらのことを突きつめてゆくと、結局、日本国憲法下の今もなお靖国神社は天皇の神社なのかという問題が浮かび上がってきます。

靖国神社が戦後の宗教法人法に依拠して1952年に東京都知事の認証を受けた宗教法人として登記するにあたって定めた宗教法人「靖国神社」規則には、

第三条　本法人は、明治天皇の宣らせ給ふた「安国」の聖旨に基き、国事に殉ぜられた人々を奉斎し、神道の祭祀を行ひ、その神徳をひろめ、本神社を信奉する祭神の遺族その他の崇敬者（以下「崇敬者」といふ）を教化育成し、社会の福祉に寄与しその他本神社の目的を達成するための業務を行ふことを目的とする。

とあります（『やすくにの祈り』178頁、旧資料集5頁）。第二鳥居のほぼ真横の、本殿に向かって右側には、例大祭の日取りを「四月二十二日」と「十月十八日」と毛筆で大書した板の看板が掲げられており、日付のあとに「勅裁如件《くだんのごとし》」と書かれています。現在の例大祭の日取りは戦後の1946年に定め直されたもので（同年秋の大祭から適用）、そのとき靖国神社はすでに民間の施設だったはずですが、その際にも天皇の「ご裁可」を仰いだことがこれでわかります。

1969年8月27日、キリスト教牧師の角田三郎らのグループが靖国神社を訪れ、神道の神として祀られている肉親の合祀を取り消してほしいと交渉したとき、当時の池田良八権宮司《ごんぐうじ》（宮司に次ぐ地位の人）は、「靖国神社は、その創建の由来が明治天皇の『一人残らず戦死者を祭るように、いつまでも国民に崇敬されるような施設（神社）を作れ』との御聖旨により創建されたものであるから、遺族や第三者が祭ってくれとか、祭ってくれるなとかいわれても、そのような要求は断らざるをえない」と答えたということです（田中伸尚《のぶまさ》『靖国の戦後史』118頁）[*6]。これはそれ以後、同様の要求が起こるたびにくり返される同神社の一貫した応対となります。

右の応対があったのは、まだ宮司が筑波から松平に代わる前です。「富田メモ」の中で松平との対比で「筑波は慎重に対処してくれた」とほめられている筑波藤麿にしても、この点に関するかぎりは池田権宮司と同じ見解であったはずです。権宮司が宮司の意に反することを言うはずがありませんから。

さらに、それに続けて池田権宮司は「靖国神社は、憲法にいう宗教ではない。日本人ならだれでも崇敬すべき〝道〟(道徳)である。靖国神社のこの本質と祭祀の内容は、戦前も戦後も、また将来、靖国法案が成立して国営化されたあとも変わらない」と述べたそうです。

この池田権宮司の発言は、靖国神社を「憲法にいう宗教ではない」と規定していますが、それならもう一歩踏み込んで「宗教ではない」とはっきり断言しているかというと、そうではありません。「ある意味ではやはり宗教である」との含みをもたせています。そして「日本人ならだれでも崇敬すべき〝道〟(道徳)である」と言い切っているものの、その後すぐに靖国神社の「祭祀」に触れているのですから、まさかその「祭祀」のことを宗教ではなくてただの礼儀作法のようなもの(茶道や華道のようなもの)だとは考えていないでしょう。

つまり、彼の頭の中では、同じく宗教といっても二種類あり、信教の自由の保障のもとに個々人が信じたり信じなかったりを選ぶような宗教、すなわち「憲法にいう宗教」と、それとは次元を異にする「日本人ならだれでも崇敬すべき〝道〟(道徳)としての宗教」がある、ということのようです。そして、前者の類型に属する宗教を何かしら信じている人でも、それは個人の立場としてはそうだということだから、公民としては後者の宗教に属してあたりまえで、この二重帰属は憲法に規定された「信教の自由」に何ら抵触しない、ということのようです。

　明治憲法時代、神社神道が「国家の宗祀」と既定されて、他の宗教とは区別された地位に置かれていたことはQ3でも触れましたが、それでいながら、明治憲法でもその28条には「日本臣民ハ安寧秩序ヲ妨ケス及臣民タルノ義務ニ背カサル限ニ於テ信教ノ自由ヲ有ス」とあり、信教の自由は認められることになっていました。そのため、憲法の解釈論として、神社は宗教に非ず（国民道徳的なもの）という「神社非宗教論」が説かれました。神社は非宗教なのであるから、学童に教育の一環として神社参拝をさせたり、官吏に公務として神社の儀式への列席を義務づけたりしても、信教の自由には反しないという理屈です。

　この「神社非宗教論」が日本国憲法下でもそのままあてはまるというのが、池田権宮司の考えだったわけです。筑波宮司も同じ考えだったのでしょう。どうやら、筑波時代であろうと松平時代であろうと、靖国神社の境内には戦前のままの時間が流れていたようです。日本国憲法が神社神道も含めてすべての宗教を対等に扱い、それら全体について信教の自由をしっかり認めると同時に、国家がそれらのうちのどれかひとつ、あるいはいくつかに、特別なかかわり方をするのは認めないとする政教分離をも厳しく定めたのは、戦前の「神社非宗教論」への反省の上に立ってのことだったはずなのですが……。

＊6　この発言記録の引用元はキリスト者遺族の会編『石は叫ぶ――キリスト者遺族は訴える』141頁。

Q5　戦犯合祀は国の法律がそれを認めたからか？

【質問】戦後の靖国神社は国の法律で戦死者またはそれに準ずると認定された人を祭神としており、その法律が戦犯刑死者も含めることとなったのを受けて、靖国神社は義務としてこれを合祀したのだと聞きました。これをどう思いますか？

【回答】それは靖国神社自身が表明している見解で（赤澤Ⅰ195〜196頁）、わたしは「靖国神社受身論」と名づけています。国会でも、この「靖国神社受身論」を政府はどう評価しているのかの問題が、1986年4月15日の参議院内閣委員会で取り上げられたことがあります（資料【六四六】）[*7]。

日中戦争・太平洋戦争で公務として戦争に従事し、戦死したり傷病を負ったりした者への国家補償について定めた法律として、講和条約発効直後の1952年4月30日に制定された戦傷病者戦没者遺族等援護法（略称：援護法）という法律があります。この法律の適用対象者を選定し、年金支給等の事務を行なう政府機関は、いろいろ変遷していますが最終的な名称でいうと厚生省援護局で、その実務は旧軍人がつかさどっていました。

旧軍隊の中で靖国神社の祭神を決める事務をつかさどっていた軍人の組織が、戦後の体制の中ではこの部署へ横滑りして組み込まれていたため、戦後民間の宗教法人となった靖国神社とこの厚生省援護局とは、建前上は独立の関係にあったものの、事実上は密に情報をやりとりする間柄にありました。そして、靖国神社が新たにだれを祭神にするかを決める際には、この援護法の対象となった死没者のリストを目安にして決める慣行が生まれました（後に、恩給法が改正されて占領下で停止になっていた軍人恩給が復活して以後は、旧軍人のうちでも恩給受給条件を満たしていた者に関してはそちらが優先的に適用されることになりましたが、それもまた、靖国神社が祭神を決める際の参考情報として用いられることになりました）。

援護法が遺族年金の支給対象として定める遺族に、当初、旧敵国による戦犯裁判の結果刑死した元軍人の遺族は含まれていませんでした。しかし、主としてB、C級戦犯につき、拒否できない上官命令で国際法違反の行為を強いられてしまった気の毒な人や、人違いで無実の罪を着せられてしまった人もあるとの話が伝わり、同情の世論が湧き起こる中で、1953年8月1日の改正により、戦犯刑死者も公務死に含めて遺族を援護の対象とすることが決められました。

ただし、だから当該故人は靖国神社の祭神たるにふさわしいと判断するか否かは、独立した民間の組織である宗教法人靖国神社の決めることであり、法改正と祭神選びが機械的に連動するということは、戦後の国家体制の本旨に照らした場合、ありえないことです。

実際、その1986年4月15日の参議院内閣委員会で、「恩給法や援護法を改正して援護や恩給の対象にしたことが靖国神社への合祀の責務を課すという意味まで含めていたのか」との野田哲議員（社会党）の質問を受けた江崎真澄総務庁長官は、「別問題であるというふうに考えられます」と答えています。

国法が「だれだれを靖国神社の祭神にせよ」などと規定することはありえないということは、ほかの機会にも国会審議の中で大臣の口から明言されています。それは1973年7月3日の参議院社会労働委員会でのこと（資料【四五六】）。

援護法の適用対象は、戦争犠牲者への補償という観点から、戦犯刑死者のケースのほかにもいろいろと拡大され、1970年と1971年の二度の改正では、敵前逃亡とみなされて軍法会議で処刑された兵士についても遺族は援護法による遺族年金を受給できることが決められましたが（赤澤Ⅱ146~147頁）、そうして国家的補償の対象となった死者でも、靖国神社の価値観からすると祭神とするにはふさわしくないと評価されたようです。靖国神社は新たな援護法適用対象戦没者のリストを国から送付してもらうにあたり、そのような者は含めないでくれと厚生省に依頼し、厚生省はその依頼を受けて、調査の実務を担当している都道府県の関係部署に対して、そのような者を調査対象から除外するようにと1972年2月28日付けの文書「調査第54号」で指示しました（資料【三二〇】、【三三二】）。この事実が小笠原貞子議員（共産党）によって明るみに出され、問題として取り上げられたのです。

そのとき小笠原議員が言おうとしたのは「なぜ国はそれらの人を祀ってあげないのか」というこ

とではなく、国法の遺族援護とは別の基準で死者に対する評価を下して、その評価にかなう死者のリストだけを欲しいというようなことを要求してくる靖国神社という一宗教法人に対して、国が便宜を取りはからっていること自体が、特定の宗教的価値観に肩入れしていることだから、憲法上問題ではないかということです。

小笠原議員と厚生省の官僚とのこのやりとりに割って入ったのが、戦没者遺族への補償問題に熱心だった山下春江議員（自民党）。山下議員はここで「いや、そういう人も靖国神社に祀られているはずだ。そういう法律がすでにある」という意味の、明らかに記憶違いの発言をします。[*8] その勘違いが怪我の功名となって、ここで斎藤邦吉厚生大臣の口から、正論中の正論ともいうべき明確な言葉が流れ出しました。

これは山下先生、思い違いじゃないかと思うのでございまして、靖国神社にどなたを祭れなんという法律はございません。靖国神社はすべて教義——独特の宗教法人でございますから独特の教義に基づいてどなたを神として祭るかということは靖国神社自身がお決めになることでございます。したがって、敵前逃亡の方々が援護法の改正等によりまして援護を受けるようになりましても、その方を祭るかどうかそれは靖国神社みずからきめることでございますが、そんなことに対して国が、こういう援護法の適用を受けるようになったのでございますから、靖国神社のほうで差別しないでお祭りください、なんということを言うたらたいへんなことです。むしろ。それこそ、政教分離、これこそ政教分離というものだと思います。

国が戦犯刑死者を援護法の対象とする法改正をしたことと、靖国神社がそれを祭神とするかどうかの判断とのあいだの関係も、これと同じです。

実際、援護法の適用者選びの実務が進展し、同時に靖国神社の合祀適格者名簿づくりの作業も進展していた1956年からの数年間に、厚生省援護局と靖国神社は両作業のあいだの調整のために「合祀事務に関する打合会」というものを何度も開いていたことが、2007年に公開された資料によって明らかになっていますが、その記録をみれば、援護法が適用されていることと、その故人を靖国神社の祭神として選ぶにふさわしいと判断するかどうかとは区別して議論されたあとがあります。A級はもとより、B、C級の戦犯刑死者についても、「後日詮議」（資料【一一七】）とか「B級以下で個別審議して差し支へない程度でしかも目立たないよう合祀に入れては如何」（資料【一三二】）とか、ためらいの様子が窺われます。

結局、B、C級戦犯について初めて一部の名簿が厚生省から靖国神社に送られたのは1959年春のことで、対象者は同年春季大祭の際に合祀されましたが、厚生省では世間の風当たりの強さを予測して、その情報を「取扱注意」としています（資料【一六二】）。これは援護法が戦犯刑死者の遺族を援護の対象とすることを決めてから6年後のことです。けっして法の改正がその対象者を祭神にすべしと靖国神社に自動的に命ずるような関係にはなっていなかったことがわかります。

A級戦犯の名簿は、合祀事務もほぼ完了して、あとは落ち穂拾い的な仕事になってきた段階の1966年2月8日に厚生省から靖国神社に送られていますが（資料【三〇一】、【三〇二】）、この段階での厚生省は、合祀保留となっている者も含めた全戦没者の名簿を一括して靖国神社に送ってしまい、あとは神社の判断に任せるとの方針をすでに打ち出しており（資料【二九〇】、【二九二】）、A級戦犯を合祀するかどうかは靖国神社の判断にゆだねて身を引いたと解釈することもできます。

＊7　この審議のとき野田哲議員（社会党）は、靖国神社社報『靖國』の1986年3月号に宮司の名で載った「昭和殉難者靖國神社合祀の根拠」という文書を問題として取り上げた。そこには「援護法が改正され、連合国側が定めたA・B・C級等の区分には全く関係なく、法務関係死亡者（所謂《いわゆる》戦犯刑死者）、当神社の呼称する昭和殉難者（刑死）とその御遺族が、一様に戦没者、戦没御遺族と全く同様の処遇を国家から受けられる事になったと言ふ事実を篤と認識されたい」、「所謂A・B・C級戦犯刑死の方々は、その時点を以て法的に復権され、これを受けて、靖國神社は当然のことながら合祀申し上げねばならぬ責務を負ふこととなつた」などとある。

＊8　山下議員は、その発言の中で「いまから十七年前に」と述べているところからみて、1956年の「旧軍人等の遺族に対する恩給等の特例に関する法律」（昭和31年法律第177号）」によって平病死（在隊中の、戦闘に関係のない病死）の者も遺族が恩給等を受給できるようになったのを、軍法会議刑死者をも含むかのように勘違いしたものと思われる。その平病死自体、靖国神社への合祀は1966年1月24日付の「調査第27号」によって初めて認められており、法の適用と合祀とは連動していない（資料【三〇〇】、赤澤Ⅱ144頁）。

Q6　A級戦犯は国会決議で名誉回復されているか？

【質問】A級戦犯は4回にわたる国会の決議で名誉回復されているから、日本はこの事実を堂々と世界に向けて発信するべきではないでしょうか。

【回答】これは、小泉純一郎首相が毎年1回の靖国神社参拝をくり返し、そのつど外国からのクレームがついて日本と近隣諸国との外交関係がもつれていた2001年～2006年ごろ、一部の右派論客が唱え始め、民主党の野田佳彦議員（後の首相）がその意見に共鳴した結果、2005年秋に彼の手によって仰々しい質問主意書（10月17日）にまとめられて衆議院に持ち出された主張です。

4回の国会決議というのは、1952年6月9日に参議院本会議で可決された「戦犯在所者の釈放等に関する決議」、1952年12月9日に衆議院本会議で可決された「戦争犯罪による受刑者の釈放等に関する決議」、1953年8月3日に衆議院本会議で可決された「戦争犯罪による受刑者の赦免に関する決議」、１９５５年7月19日に衆議院本会議で可決された「戦争受刑者の即時釈放要請に関する決議」を指しています。

これらの決議は、つぎに掲げる日本国との平和条約（サンフランシスコ条約）第11条に関連するものです。

日本国は、極東国際軍事裁判所並びに日本国内及び国外の他の連合国戦争犯罪法廷の裁判を受諾し、且つ、日本国で拘禁されている日本国民にこれらの法廷が課した刑を執行するものとする。これらの拘禁されている者を赦免し、減刑し、及び仮出獄させる権限は、各事件について刑を課した一又は二以上の政府の決定及び日本国の勧告に基く場合の外、行使することができない。極東国際軍事裁判所が刑を宣告した者については、この権限は、裁判所に代表者を出した政府の過半数の決定及び日本国の勧告に基く場合の外、行使することができない。

冒頭のセンテンスにある「裁判」は英文では judgements なので「判決」と訳すほうが正しいと文句をつける論者もいますが、何はともあれこの条文によって日本国が戦犯裁判の結果として決まったことは蒸し返さないと誓い、連合国による占領が終わった後も刑の執行は続けると誓ったわけです。ただ、日本国政府が関係国政府に働きかけて賛同を得た場合には、原判決が定めたところよりも早めに拘禁を解いてやることもできるとの温情的な規定が、連合国側の譲歩として追加されているのです。

結果として日本政府は、できるだけ多くの受刑者をその温情措置に浴させるべく、講和条約発効後、鋭意外交努力を続けることになり、A級戦犯については1958年4月7日をもって、B、C級戦犯については1958年12月29日をもって、全員が拘禁を解かれました。これは、減刑によって彼らの刑期がそれぞれの日付までの刑期へと短縮された結果、その日付をもって刑期満了となったものと、法的には解釈されています。[*9]

右記の4回の国会決議はいずれも、そのような外交交渉に力を入れよと政府に向かって国会が叱咤激励する趣旨のものであり、「名誉回復」なる文言はその中に見いだせませんし、それらの国会決議の法的効果として、対象者となる戦犯受刑者の受けた判決が最初からなかったものとみなされたということもありません。そして、没後靖国神社に合祀されたことで物議の種となっている14人（刑死した7人と獄死した5人と判決前に死亡した2人）については、そもそも最初から、当の外交交渉のテーマとして挙げられてもいません。[*10]

「A級戦犯名誉回復済み説」の中身はこれだけの他愛もないものですが、ここでわたしが問題にしたいのは、なぜ野田佳彦という人はこの時期にそんな質問を小泉首相に突きつける気になったのか、ということです。

小泉首相が首相としての靖国神社参拝をくり返して、そのつど外国からクレームをつけられていたころ、この参拝はけっして好戦的な気持ちからではなく、心ならずも戦いで尊い命を落とした先人への哀悼の意を表するための参拝である旨、くり返し弁明していましたが、「でも、そこにはA級戦犯も一緒に祀られているではないか」と突っ込まれると、その弁明は分が悪くなることが、だれの目にも明らかでした。

一般に、公的立場での靖国参拝はぜひ続けたいと思っている保守派の政治家がこの状況に直面したとき、心に思い浮かべる〝すっきりした〟解決の道は二つ。ひとつは裏から手を回してでも靖国神社に「A級戦犯分祀」をやらせ、そのうえで〝心おきなく〟参拝を続けること。もうひとつは、自分はA級戦犯も含めた祭神に対して表敬しているのだと〝胸を張って〟主張し、それが正当であると言える根拠をみつけること。でも、どちらもほかの政務にも精を出しながら、片手間でできるような課題ではなく、現に中曽根首相にせよ小泉首相にせよ、どちらの道にも進めずに竜頭蛇尾な結果に終わったわけです。

そうした彼らを「煮え切らない」として批判することは、さほどむずかしいことではありません。そこで野田議員としては、野党である身軽さを利して「この際、後者の道を突き進んでみたらどうだ」と、けしかけてみたのでしょうか。靖国がらみでときどき出現するこのような方向性をもった政府批判の姿勢を、わたしは「もっと開き直れ型野党」と名づけます。

過去の国会議事録を調べてみると、この「もっと開き直れ型野党」には先駆者がいます。中曽根首相が念願だった二度目の公式参拝には踏み切れないまま退却したあと、1986年10月22日の衆議院法務委員会で質問に立った安倍基雄議員（民社党）は、厚生省援護局の官僚や内閣法制局長官を相手にして、1953年の恩給法改正によって戦犯刑死者も（A級、B級、C級のいかんを問わず）国内法的には公務死扱いになったのだから[*11]、その時点でわが国は極東軍事裁判の正統性を認めないという国家意思を表明したと言えるのではないか、といった持論を開陳し、要するに、中曽根内閣は生ぬるいと批判しています（資料【六六一】）。

この安倍基雄議員の主張に「靖国神社受身論」を合体させると、A級戦犯が靖国神社に合祀してあることも国家意思の表明としてそうなっているのだ、という話になります。だから政府を代表する中曽根首相がそこに公的な表敬行為を行なうことは、本来、だれ憚ることもなく、胸を張ってすべきことなのに、中国からのクレームを受けてそれを中止したのは、筋が通らないし、相手に侮られるきっかけを作ったという意味で、罪深いということになります。

もともと民社党（＝民主社会党）という政党は、岸信介内閣による日米安全保障条約の改定が賛否両論の鋭い対立を生んでいたさなかの1960年初頭に、社会党の闘争的な姿勢について行きかねる人々が脱党して組織した政党です。議会制民主主義の下での福祉社会をめざすことを標榜しており、事実、額面どおりの穏健な人々も擁していましたが、同時に、社会党との違いを際立たせたいあまり、時には自民党よりも右翼的なことを言ってのける人も混じっていました。安倍基雄は後者のタイプの人だったようです。

野田佳彦は松下政経塾を出て政治家となった人ですが、松下政経塾の出身者の中には時として非常に偏狭なナショナリズムを表明する人がおり、安倍基雄的な思想に親和的な要素が、あの界隈には息づいているように思われます。

いずれにしても、わたしが野田佳彦の「質問主意書」を読んで強く感じるのは、この人は「靖国問題」というテーマそのものを「1985年から始まった、中国や韓国のクレームに対してわが国はどう対処すべきかという、外交問題」としてしか考えておらず、それゆえに迷路に迷い込み、不必要なところに力こぶを入れた議論を展開する結果になっているということです。

靖国問題の全体像をきちんと視野に収めたうえで考えるなら、A級戦犯云々というのは些末な論点であって、その評価がどっちへ転ぼうとも、首相が公的な資格で靖国神社に参拝してみせることの是非には影響しないことがわかります。「彼らは名誉回復されている」などと無理に肩肘張って主張する必要もないのです。

＊9　この野田佳彦議員による質問に先立つこと14年の1991年10月1日、参議院において吉岡吉典議員（共産党）によって同じく戦犯問題の質問書が提出されたことがあるが、同年10月29日付の内閣総理大臣海部俊樹による答弁書で「A級戦争犯罪人として有罪判決を受けた者のうち減刑された者は十名（いずれも終身禁錮の判決を受けた者である。）であり、いずれも昭和三十三年四月七日付けで、同日までにそれぞれ服役した期間を刑期とする刑に減刑された。なお、赦免された者はいない。」と答弁がなされている。

＊10　野田議員の質問書に対する同年10月25日付の内閣総理大臣小泉純一郎による答弁書で「お尋ねの死刑判決を受け絞首刑となった七名、終審禁錮刑とされ服役中に死亡した五名並びに判決前に病没した二名については、右のいずれの制度の手続もとられていない。」と答弁がなされている。

＊11　1953年8月の援護法改正は全会一致で可決されたのだから、戦犯復権は国民の総意によるものだという主張をよくみかけるが、同じく戦犯合祀の根拠として挙げられる恩給法改正のほうは全会一致ではなく、野党から強い反対があった（資料【三六五】、【三七六】、【六二七】）。

Q7　靖国神社は国民的な心のよりどころだったか？

【質問】靖国神社は戦没者を悼み平和を祈る国民的な心のよりどころとして愛されてきた長い歴史があり、それが昨今のような意見対立の場となるのは嘆かわしいと、今は亡き戦争体験世代の人が言っていました。それは本当ですか？

【回答】国民のあいだでの靖国神社のイメージは時代によって変遷があるので、簡単に答えることはできませんが、少なくとも戦後の一時期、国民の中に同神社を「慰め」や「癒し」の場と受けとめる人々が多く存在し、神社側もそうした人々の期待に応える性格を持っていたことは、嘘ではないと思います。

一例を挙げると、『愛別離苦——靖国の妻の歩み』という手記を書いた1919年生まれの小栗竹子という人がいますが、この人は新婚まもない夫を1944年に中国戦線で亡くし、遺骨も還らないという悲運の中で、当初は靖国神社をこそ亡き夫に会える場として心のよりどころとしていたということを、正直に書いています。戦後20年を経て、一人だけの遺児を育てながら思索を深めてゆくうちに、あの戦争が何だったかについての反省も深まり、靖国神社へのこだわりからは解き放たれたそうですが、夫の靖国神社への合祀が実現した直後の1946年10月21日の心境はつぎのようだったと、当時の日記のままに報告しています（『愛別離苦』245頁）。

昔の合祀祭のことを思えば、遺族が手続きしなければ合祀もされず、合祀の通知さえない今の時代が情けなく恨めしく思われました。それでも昇殿参拝して大前に参進し、康生に玉串を捧げさせ、お引き合わせの祝詞を聞いていましたら、正面の大鏡の奥から、あの懐かしい軍服姿のあなたが、真剣な面持ちで私と康生の前に出ていらしたような気がして、思わず涙があふれて参りました。私は未だにあなたが亡くなられたとは思えませんが、お目にかかれる唯一の場所は靖国神社だけのような気がしました。それはここに集い、共に参拝する人たちが、すべて私と同じ気持ちの人に限られているからなのでしょう。掃き浄められた荘厳な神社の大前にぬかずいておりますと、すべてが占領軍の意のままに統治され、占領軍のおこぼれを先を争って奪い合うような日本人を見るにつけ、国を思い、国に殉じた幾多の英霊の、この浅ましい世相を嘆き、今後の日本を憂い給う声なき声が、私の心に強く強く響いてくるのを感じました。

冒頭にある「遺族が手続きしなければ合祀もされず」という記述は著者の思い違いで、当時の復員庁〔旧軍を引き継いだ役所〕の方針では手続きをしないでもいずれ一方的に合祀される手筈になっていたのですが、[12] それはともかく、最後のセンテンスの思いをもし彼女がその後20年も30年も引きずっていたならば、「靖国神社を再び国のものにしていただける法案に反対を唱えるなど、戦争を知らない人たちの身勝手な主張に、怒りがこみ上げます」というようなことを言う〝模範的な日本遺族会会員〟になっただろうと思われます。[13]

こうした心境をいだくかたわら、同年4月23日に地方世話部〔当時、復員関係の仕事をしていた地方行政機関〕に赴いて天皇・皇后の名による「祭粢料《さいし》（金十五円也）」を渡されたときには怒りに似た感情が湧き上がり、その気持ちを「祭粢料の天皇皇后の文字しらじらしたたきつけたし金十五円」と詠んでいます（同書229頁）。

当時の靖国神社は、こうした未整理な感情にもそれなりの居場所を授けてくれる施設として機能していたようで、それゆえに、戦争に負けたからといって、それをさっさと軍国主義の遺物と割り切って見捨てるという気持ちにはなれない人が多かったのだと思います。

占領下でGHQから始終警戒の目でみられ、存続が危ぶまれる一幕もあった靖国神社ですが、サンフランシスコ条約の調印が終わり、占領の終結が日程にのぼった時点で、GHQはその存続を保証する措置をとりました。こうして1951年の秋の大祭は、関係者のあいだでは安堵感に包まれた喜ばしい雰囲気の中で営まれることになりました。

大祭を間近に控えた10月7日の朝日新聞朝刊は、社会面のトップ記事に「靖国」を大きく取り上げています。いわく、「『靖国』に祈る米国青年」「身代り立てて参拝」「帰国後も真心ささぐ五年」。おおよそつぎのような話です。

〈アメリカのニュージャージー州に住む27歳の青年「リード氏」と東京都に住む24歳の青年「藤井君」が、「靖国」への思いで結ばれて、国境を越えた交流を続けている。今年もまたリード氏は藤井君に代参を頼むかたちで靖国への奉納金を送ってきた。リード氏は東京裁判の国際検事団付として日本へ来ていたとき、宿舎だった服部ハウスで受付係をしていた藤井君と知り合い、「日本の無名戦士の墓」への案内を頼んだ。藤井君に案内されて靖国神社を訪れたリード氏は、当時のさびれた同神社のありさまに心を痛め、「どこの国でも、祖国の犠牲者のために祈らなければ……」と嘆いた。リード氏は沖縄海戦で日本機と戦って戦死した米空軍少尉を兄にもつ人だ。以来リード氏は暇あるごとに九段を訪れ、ニッポンの〝みたま〟たちに花束をささげ続け、1948年末に帰米後も、絶えず藤井君に身代り参拝を頼んできていた。〉

【新聞定價（朝夕刊）一ヵ月220円・一部（二頁）3円（四頁）4円50銭】　第三種郵便物認可

「靖国」に祈る米国青年

身代り立てて参拝

帰国後も眞心ささぐ五年

リード氏

靖国神社に祭られている二百万柱の〝みたま〟に、この五年来の間、国境を越えた祈りを続けているアメリカ青年がある。ニュージャージー州ウェストフィールド市プロスペクト町三三三に住み、市の所得に勤めているマルコルム・F・リード氏（二七）で、かつての沖縄海戦で日本機と戦って戦死した米空軍少尉を兄にもつ人である。

六日正午ごろ、九段の靖国神社社務所へ世田谷区玉川野毛町二九貿易会社員藤井正和君（二四）が「また代理ですが……」とリード氏からの同神社あての手紙と奉納金五ドル（講和お祝い分）を届けて身代り参拝し、十八、九両日の例大祭をひかえた同神社を感激させた。

藤井君の話によると、リード氏は現在、母親と二人暮しで、勤めのかたわら「日本留学生招へい資金募集会」の幹事として活躍しているが、リード氏が日本を知ったのは、終戦後東京裁判の国際検事団付として日本へ来た時。同氏の宿舎は港区芝白金三光町服部ハウスだったが、同氏はある日、ハウスの受付係だった藤井君に「日本の無名戦士の墓」に案内を頼み、靖国神社を訪れた。しかしそのころの同神社は参拝者もまばらで、同氏も寂しそうに藤井君に「どこの国でも、祖国の犠牲者のために祈らなければ……」と嘆いたという。それ以来同氏は、暇あるごとに九段を訪れ、ニッポンの〝みたま〟たちに花束をさゝげ続け、二十三年暮に帰米後も、絶えず藤井君に身代り参拝を頼んできたのだった。「講和祝い」の五ドルとともにこの日同氏が神社に寄せた手紙には、こう書かれてあった。

靖国神社にねむる〝みたま〟たちの大きな犠牲が忘れられるなら、それは日本の悲劇だ。なんとなれば、独立してゆく日本の将来は、悲しみと栄光をもつ過去の上に打ち樹てざるを得ないからだ。日本の皆さん、どうか〝みたま〟へ祈りを――

なおリード氏は広島の戦災孤児を留学させて面倒をみており、藤井君には東京で「ブラス・クラブ」（向上し合う会）を青年、学生間で作って修養し合うことをすゝめ、そのすぐれたメンバーを将来留学させる計画だという。

身代り参拝をする藤井君＝靖国神社で

朝日新聞1951年10月7日朝刊記事

講和条約発効後、それまではＧＨＱの目を憚りながら細々と続けられていた新祭神の合祀手続きは、晴れておおっぴらにできるようになり、Ｑ5で紹介した戦傷病者戦没者遺族等援護法（略称：援護法）の適用対象を選ぶ作業と連動させながら、合祀適格者の選考作業が進むことになります。そのため、援護法の改正がそのまま靖国神社への合祀基準の拡張であるかのような誤解をする人もいて、その誤解に悪乗りして「靖国神社受身論」が後に説かれることになります。

戦犯裁判での刑死者の遺族も援護法の対象とする改正が行なわれたのは、Q5で述べたとおり1953年8月1日ですが、その10日前の7月22日には「モンテンルパからの帰還者を乗せた白山丸の横浜港入港」というビッグニュースがありました。モンテンルパとはフィリピンで戦犯が収容されていた刑務所の名で、これをキーワードにウェブ検索すれば、1952年から3年にかけて、モンテンルパは国民的話題だったことがわかります。

フィリピンでの戦犯裁判は元日本兵の立場からみれば苛烈なもので、講和条約発効後も死刑判決を受けたまま「明日をも知れぬ身」である人が多く残っていました。それらの人たちを減刑してもらおう、せめて死刑だけは免れさせてあげよう、刑期の残っている人も日本での服役に切り替えてもらおうという運動が、ついに実を結んだのが「白山丸の横浜港入港」で、当日、帰還者を激励したくて横浜港に集まった人は2万8000人という、大フィーバーでした（新井恵美子『モンテンルパの夜明け』178頁）。

このとき、すでに死刑を執行されてしまっていた元兵士は遺骨となって戦友の胸に抱かれて帰還したわけですが、そういう人の遺族にも早く援護法を適用してあげたいと、多くの人が思ったのは自然なことでしょう。事実、旬日にして援護法は改正されたわけですが、その法改正と故人を靖国神社に祀ることとを一括りに考えた人も多かったでしょう。

靖国神社に祀られるべき人の選考基準、つまり合祀基準は、終戦直後は戦争中までの陸海軍が内部で定めていた合祀基準をとりあえず踏襲し、旧陸海軍の仕事を引き継いだ役所（第一復員省・第二復員省→復員庁→引揚援護庁→厚生省引揚援護局→厚生省援護局）の中でその該当者を選び出し、その名簿を靖国神社に渡していましたが、援護法制定以後はその適用対象の選考と連動させて作業が進められるようになったため、援護法の適用対象が広がると、靖国神社でもその範囲内の者を祭神に選ぶことが多くなったようです。ただし何度も強調しているように、自動的にではありません。[*14]

援護局の仕事は基本的に、公務として戦争に従事した結果犠牲を払った者について、本人や遺族への援護をしようという趣旨のものでした。だから、戦災一般についての国家的補償という性格をそこに求めるのは無理だったのですが、それでも、各方面からの要望に応える中で、援護法の適用対象は少しずつ拡大されました。

軍属（戦闘員ではないが軍と雇用関係にあった人）の概念を広げて「準軍属」というカテゴリーを新たに設けたり、臨時的に現場で軍に協力した民間人を「戦闘参加者」あるいは「戦闘協力者」として法の適用対象としたりと、いろいろな工夫がなされました。沖縄から本土への疎開船対馬丸が撃沈されて遭難した幼い学童も、疎開が軍の命令によるものだったことで、合祀の対象となりました。[*15]

援護局と靖国神社のあいだで開かれた例の「打合会」の記録には、これらの諸類型をリストアップして、合祀対象に含めるか否かの詮議をしていた様子がみられます。援護法そのものの適用対象を広げる方向とともに、援護法とは別建てで、何らかの意味で死亡原因に公務性が認定されないかと模索した形跡もあります。

長らくペンディングになっていて、難航の末に合祀が決まった例として、1945年8月9日に長崎医科大学で勉学中に被爆して死亡した学徒の例があります。同年齢の学徒のうち、学徒動員令によって軍需工場に働きに出ていて被爆死した者については早々と公務死の認定が下りていたのに、軍医不足を補うために特別に動員を解除されて学窓に戻され、夏休み返上で勉学させられていたそれらの学徒の場合は、遺族から陳情があったにもかかわらず、靖国神社ではOKと言わない状態が続いていました。1963年2月18日の衆議院予算委員会第二分科会では、この件に関して質問に立った倉成正議員（自民党）が、当該学生たちを援護法の適用対象にできないことがネックになって靖国神社にも祀ってあげられないわけだから、そこを何とかできないかと言っています（資料【四一八】）。

1967年5月9日付の文書（資料【三〇六】）には「厚生省側の意見――厚生省関係でない、法律上から言えば国との関係はない、一般戦災者と同じである」、「見舞金を出すことになったが取扱ひは文部省である。文部省と相談してはどうか」とあり、仮に厚生省でなくとも、少なくとも国の役所のいずれかからお墨付きが出ることが合祀の必要条件であるかのように、関係者が受け止めていたことがわかります。結局、靖国神社が文部省に相談して、国から一人あたり7万円の見舞金を支給する制度ができたことを公務性の認定だと解釈することにして、その根拠のもとに同年6月20日に合祀が決まった（資料【三〇七】）と記録されています。

神社の方針が決まった段階でも、当の見舞金の支給の裁定が下ることが合祀の必要条件であるかのように関係者には受け止められており、国は早くその裁定をしてあげろという督促が、1967年7月11日の衆議院決算委員会で語られています（資料【四三八】）。

この決定が下ったとき、同大学被爆死学生の遺族会の人々は、これで息子たちの死は犬死ではなかったことが認められたと、悲願が叶った思いを吐露しました（西村明『戦後日本と戦争死者慰霊』154頁）。

戦前には靖国神社への合祀は天皇から下賜される栄誉であり、請願して祀ってもらえるようなものでないのと同時に、遺族が故人の信仰にもとづいて（あるいは遺族自身の信仰にもとづいて）辞退することなど最初から想定されていませんでした。戦後は長崎医科大学生の例にみられるように、「祀ってほしい」という遺族の請願が実を結んで合祀基準の変更が勝ち取られるようなことも起こるのですが、故人の死が合祀基準をすでに満たしていた場合には、靖国神社があらためて遺族の意向を打診することはなく、自動的に合祀の手続きが進められ、遺族への通知は事後的でした。「祀ってほしい」という希望のほうは交渉に持ち込めるが、「祀ってほしくない」という希望のほうは最初から表明の機会がないというこの非対称性が、長く問題視されなかったのは、天皇から下賜される栄誉という戦前の思想が惰性で続いていたためと思われます。

潮目の変化は長崎医科大学生の件が肯定的な決着を得た1967年から5年ほどのあいだに始まりました。

日本遺族会と自民党の国会議員の協力により靖国神社を再び国家的な施設にする靖国神社法案が作られ、初めて国会に上程されたのは1969年6月30日のことでしたが、「これでこそ戦争の中での強いられた死に、国家が誠意ある顧慮を払ってくれたことになる」といった素朴な遺族の受け止め方とは裏腹に、宗教界では多くの団体がむしろ批判的な見解を表明しました。

その理由は、靖国神社は故人を〝神〟として祀る神社神道特有の宗教観念に依って立つ宗教団体であり、国家がそれを特別視するのは、神社神道を諸宗教の上に君臨させた戦前の体制への復帰を意味するというところにありました。

岩手県で陸上自衛隊に勤務していた中谷《なかや》孝文という人が自動車事故で殉職したのは１９６８年１月12日のことでしたが、妻の中谷康子が本籍地の山口県に帰ってひっそり暮らしていた１９７２年４月、自衛隊山口地方連絡部の者が彼女を訪れ、亡くなった夫君の身上に関する書類を見せてほしいと要望しました。話を聞いてみると靖国神社の地方版である護国神社に自衛隊の殉職者を合祀することになったので、書類が必要だとのことです。彼女は、自分はクリスチャンで夫の追悼は自分の宗教に従って行なっているので、お断わりしますと答えたのですが、結果としては、彼女の意向とは無関係に山口県護国神社に書類が送られてしまい、合祀祭が済んでから一方的に神社から通知が来るという結果になりました。

妻康子がそれに対して電話で苦情を言うと、自衛官は「現職自衛隊に誇りを持たすために私どもは奮起して祀ったんだ」、「遺族の方の宗教をいちいち聞いちょっちゃあ、こっちもやれませんから遺族の宗教には関係なくこちらの善意で祀ったんです」、「一人を取り下げると示しがつかんようになる」などと答えたそうです（今村嗣夫『こわされた小さな願い』31～32頁）。

さらに面談で話をしたときには「護国神社は普通の宗教と違って公の宗教であるので、もしどうしてもいやならば仏教の人は家庭で仏壇を拝めばいい、キリスト教の人は家庭でキリスト教を信じればいい。けれども、公には護国神社に祀られることがこれはあたりまえのことなんだ」、「日本人ならばそうなんだ」と自衛官は答えたそうです（同書33頁）。

結局、直接に合祀申請を行なった組織である自衛隊の隊友会（退職自衛官で組織する民間団体）と、申請の過程に事実上深く関与したとみられる自衛隊地方連絡部とを被告として、彼女が１９７３年１月に訴訟を提起することになり、この「山口自衛官合祀訴訟」は、一連の政教分離訴訟の中の重要なひとつとして長く記憶されることになります。

同年７月３日の参議院社会労働委員会（資料【四五六】）では、軍法会議で処刑された元兵士の問題（Ｑ５）を取り上げたのと同じ小笠原貞子議員が、質疑の最初のほうで、宗教法人日本基督教会が同教会の教師であった４名の戦死者が靖国神社の祭神とされていることにつき、同神社に祭神名簿からの抹消を要求したけれども、受け容れられなかったという件を、政府としてどう見るかを質しています。

さらに１９７８年になると、旧植民地出身者で日本軍の兵士として戦没した者につき、日本国籍を失っているからということで援護法の適用はされず、遺族に対する補償は何もなされていないにもかかわらず、故人を靖国神社に合祀する作業だけは一方的に進められたことが明るみに出て、４月18日の参議院社会労働委員会と４月25日の参議院内閣委員会とで問題として取り上げられていす（資料【五一五】、【五一六】）。１９８０年３月６日の衆議院社会労働委員会でも取り上げられています（資料【五三五】）。

「山口自衛官合祀訴訟」は、一審山口地裁（1979年3月22日判決）と控訴審広島高裁（1982年6月1日判決）で、合祀申請を隊友会と自衛隊との共同行為とみなして違憲とする判決が下りていながら、最終的に上告審（1988年6月1日判決）では、合祀申請は隊友会の単独行為であったと認定したうえで、この事件は両方ともに信教の自由を有する私人間で起こった紛争であるから、故人の妻の側だけの信教の自由を押し通すことはできないとの苦しい理由づけで自衛隊の行為を免罪する結果になりました（資料【四九二】）。

しかしこの訴訟の影響があってか、その後、遺族の承諾なしに靖国神社や護国神社が一方的に故人を祭神にすることは控えられるようになり、今に至っています。[*16]

＊12　小栗竹子の夫・小栗次郎のケースについては、わざわざ遺族側から合祀を希望する旨申請の手続きをしたため、比較的早く合祀が実現したものとみられる。一般的に遺族の申請を俟《ま》って合祀するように制度が変更されていたと示す文書は、管見の限り存在しない。2018年に靖国神社のスタッフにこの件を質問してみたところ、「宗教法人靖国神社の公式回答ではなく個人の見解である」と断わりつつ、そういう文書は「存在しないと思う」との回答であった。にもかかわらず1946年4月の時点で、地方世話部は小栗竹子に対して亡夫の合祀を希望するなら遺族が合祀申請の手続きをするようにと指導した模様であり（『愛別離苦』228頁）、当時、現場の事務官のあいだでは制度の理解に揺れがあったらしい。

＊13　現在、日本遺族会といえば、「英霊の顕彰」にこだわり、「戦争に駆り出された犠牲者としての戦没者」という意味づけを避けたがり、さらに、「戦没者は視点を変えれば加害者でもあったかもしれない」との指

摘に至っては、強い憤りをもってこれを拒否する保守的な団体とのイメージが強い。しかし、田中伸尚《のぶまさ》によれば、１９６０年ごろまでの日本遺族会にはある程度多様な戦没者観を許容する自由度があったという（「日本遺族会の五十年」『世界』１９９４年9月号34～52頁）。その論考はリライトされて田中伸尚・田中宏・波田永実『遺族と戦後』の第1章となっている。赤澤史朗は、日本遺族会のそうした保守化をもたらした要因として、戦傷病者戦没者遺族等援護法や恩給法の充実にともなって、同会が組織化していた軍人・軍属の遺族は、戦争関連死没者の遺族全体の中では経済的に報われた特権的グループとなっていったことを挙げている（赤澤Ｉ１２３頁）。

＊14　１９５７年11月6日の「合祀基準研究会記録」には、「法務死」というカテゴリーの中の細目として「軍法会議死刑者及び獄内病死者」という項目があり、援護法上の取扱いが今後どのようになるかにかかわりなく「不合祀」と結論が下されている（資料【二二七】）。

＊15　沖縄戦に関連しては、おびただしい民間人犠牲者の遺族を援護法の適用対象とするための便法として、軍によって壕から追い出された結果の死者を「壕の提供」による戦闘協力者であるとするような、倒錯した例も生じている（秦郁彦『靖国神社の祭神たち』１５０頁）。田中伸尚『ドキュメント靖国訴訟』の第2章は、さまざまなひどい例を紹介しており、「そもそも戦争協力したことにしなければ、戦争の被害者を救済できないというのはどう考えてもおかしい」（81頁）という当事者の言葉を伝えている。「スパイ嫌疑による斬殺」を「軍事能力低減化の未然防止（投降者は情報を漏らす恐れがあるから）」というかたちで軍に協力した「戦闘参加者」とみなすなどは、あまりにも無理なこじつけだが、戦争被害一般の補償について体系的な法整備がなされていない中で、戦闘員をモデルとした「殉国の死」の中に掬い上げることでしか

民間人犠牲者の遺族を救済できなかった矛盾が、端的に現われたものと言えよう。

＊16　戦後の靖国神社において、遺族の意思を問い合わせたうえで合祀した例は皆無ではない。国際宗教研究所編『新しい追悼施設は必要か』掲載のシンポジウムで発言している岡田弘隆の亡父の場合（39〜40頁）がそれに当たる。戦争末期に沖縄戦への援軍として広島から輸送船で送られたが、空襲を受けて奄美大島へ避難したまま終戦を迎えた。かろうじて命拾いしたものの体調を崩し、復員後の1948年12月に死亡した。遺族が粘り強く申請をくり返した結果、1961年7月にようやく戦病死の認定が下りて「弔慰金裁定通知書」が届いた。その後まもなく厚生省から、遺族は靖国神社への合祀を希望するかとの問い合わせがあり、希望すると回答したところ、合祀されたとのことである（以上、同書の記述および個人的な聴き取りによる）。靖国神社と厚生省との合祀基準に関する打合会の記録のうち、1957年10月2日付の「今後詮議を要する者」（資料【二一二】）および1958年6月20日付の「将来靖国神社に合祀すべきか否かを決定すべき者」（資料【二四五】）に受傷罹病後3年以上経ての在郷死については個別に審査が必要である旨、書かれており、それに該当したものと思われる。

Q8　靖国神社が宗教として扱われるのは不自然なあり方か？

【質問】靖国神社をめぐって政教分離訴訟などが起こるのは、無理してそれを宗教として扱っているからであって、宗教ではなく、たんに国家のために尽くした人を記念する施設なのだから公的なものなのだと考えればよいのではありませんか？

【回答】そのような考え方は『新編靖国神社問題資料集』に掲載されている国会議事録を読んでも、一再ならず出てきます。代表的なものとして1963年6月4日の衆議院内閣委員会での藤原節夫議員（自民党）の発言を引いておきましょう（資料【四二二】）。

靖国神社が宗教法人であるというような、ばかなこじつけをいつまでもそのままにしておくということはないと思うのです。何か教義を布教するような団体でもないし、これは全く国のために生命をなげうった人々に対する国全体としての感謝の府でなければならぬ。これは当然国が維持管理すべきものである。同じような趣旨で、地方における護国神社等につきましても、それぞれ地方自治体でお祭りをすべきものだ。

教義・教学というようなものを持ち、外へ向かって布教してゆくようなものだけが宗教で、そうでないものは、たとえ現世の経験知を超越した存在を信じたり、うやうやしく祭祀儀礼を執行したりしても、それは宗教ではないんだ、礼儀作法のようなものなんだ、というのは、近代日本が神社神道を天皇家の先祖祀りを軸にして再編成したとき以来、国民教育上の約束事のような理屈として使い続けられてきました（Q４で紹介した「神社非宗教論」）。

そして、靖国神社で戦死者を祀って〝神〟という名でそれを呼んでいることについても、先人を尊んで呼ぶときの日本文化の約束事なんだから、神道以外の宗教を信じている人だって、「敬うべき物故者」というぐらいに理解すればよいのであって、そうしたら、その人の信じている宗教とも矛盾しないはずだ、……というような主張も、頻繁に見られます。例えば１９５５年7月23日の衆議院海外同胞引揚及び遺家族援護に関する調査特別委員会での山本勝市議員（日本民主党）の発言は、以下のようです（資料【三九〇】）。

だから、神として祭るのだけれども、しかしそれは宗教ではないのだという解釈といいますか意思決定といいますか、そこまで突き詰めていくと、これは神とはいっても憲法でいう宗教上の神あるいは外国でいう神とは違うのだということをはっきりしなければならない。

本当にそうか、について、大江志乃夫『靖国神社』（137頁）は、戦争中の靖国神社宮司だった陸軍大将鈴木孝雄の発言を引いて、「戦死者の霊は招魂の段階ではまだ人霊だが、いったん合祀されると神霊になり、それを遺族がいつまでも自分の息子というふうに考えてはいけない」という趣旨の「教え」が靖国神社にはあることを紹介していますが、ここではより近年の文献をひとつご紹介しておきましょう。

『別冊正論22号――大解剖「靖國神社」』（2014年）に載った作家で歌手の合田道人《ごうだみちと》の一文「平和への礎を築いた神々――歌い、語り続ける私の靖國」の一節（59〜61頁）。靖国神社が毎年7月に開いている「みたままつり」の歌謡ショーで歌ったり司会したりすることを通じて、同神社に共感を覚えるようになった人だそうです。

初めのうち、私にとってこの場所は、単なる仕事場の一つであり、靖國という存在は戦争で亡くなった人が祀られている場所でしかなかった。どちらかといえば〝反戦〟のための歌謡ショーの構成を組み、集まってくれているお客さまのために、無料で懐かしい歌を披露するのが役目だと思っていた。

当然、大東亜戦争という呼称は学校で教わるとおりに「太平洋戦争」であり「第二次世界大戦」だったし、支那事変は「日中戦争」だった。満洲という地名も、放送で使われることはなかった。

「九段の母」や「暁に祈る」「加藤隼戦闘隊」「支那の夜」など、それまで〝なつメロ番組〟の定番だった歌が、放送で流れなくなって久しいころだった。そして戦争で亡くなった人は、みな「犠牲者」なのだと思っていた。

当時は八十代後半になっても元気だった塩まさるさんの「九段の母」の前奏に乗せて、私はこんなイントロナレーションをしていた。「お国のためとは言いながら、白木の箱で帰る息子を心底喜ぶ母などいるはずがありません。二度と戦争が起こらぬようにと願いを込めて、九段の母、塩まさるさんです……」。自分ながら、よくもまあこんな調子で意気揚々と舞台を進めたものだ。

ショーが終わったあとの直会《なおらい》の時である。今でこそ直会という言葉がパッと出てくるが、当時は「打ち上げ」「宴会」の感覚だった。

先輩歌手たちが一人ずつ帰っていくが、まだ若かった私は最後まで残った。そのうち周囲には同年代の神職が集まって話が始まった。はじめのうちは「お疲れさまです。すばらしかったですよ」「天気ももってよかったですね」などと普通の会話だったのだが、盃を重ねるうちに、彼らは私に意見を言い始めた。

それは「太平洋戦争とは何だ」「犠牲とは、敗戦とは……」「お客のために歌ってるとは何ごとだ！」。はっきり言って意味がわからなかった。ただ、何となく彼らの言葉が、いつまでも心に引っ掛かった。

私はこの時、靖國神社のあり方を知った気がするのだ。いや、教えられたのだった。一体、私は何のためにここで歌っているのだろうか？

「奉納ショーで歌い、司会をするのは仕事の一つに過ぎない」という考えだけでは、奉納の舞台で歌うことなど適わない、いや必要がない、資格がないのだ。

集まっているお客さまのために歌っているのでも、ましてや自分のために歌っているのでもない。

ご祭神への奉納なのである。こんな大切なことを教えてくれたのが、靖國神社であり、今では親友になった神職たちだったのである。

だからこそ、奉納させていただくその神に向かって「お国のためとは言いながら、白木の箱で帰る息子を心底喜ぶ母などいるはずがありません……」でいいはずがなかったのだ。これでは神々に向かって「あなたたちは、こんな場所に祀られるためではなく、生きて帰ってこなきゃいけなかったんですよ！」と言っているようなものではないか。

ここで、合田道人を感化した神職たちを「とんでもないことを言う連中だ」と非難するのはたやすいですが、わたしはむしろ「なるほど。そういう信念に生きている人たちもいるのだな。これは確かにひとつの宗教的信念だ」と感心します。

宗教とは、現世の経験知では肯定も否定もできないことがらについて、あえて何らかの命題を立て、信じるところに開花します。憲法の保障する基本的人権としての信教の自由とは、社会の多数派からみて奇妙に思えるような命題でも、人の生命・財産に危害を加えるような反社会的行動をともなうものでないかぎりは、信じることは自由だというものです。そもそもそういう経験知を超えた世界の命題は、いったん信じた人に対して「信じるな」と命じたところで、捨てさせることのできるものではありません。

そのような自由を認める代わりに、社会に並立している複数のそうした信念のうちのひとつに国家が肩入れすることは、相容れない信念の持ち主には堪え難い苦痛をもたらしかねないので、国家は中立を保ちなさいというのが、政教分離ということです。

靖国神社が日本国憲法の下で宗教団体（それに法人格を与えたものが「宗教法人」）として生き残ることを許されてきたのは、宗教であるかぎりでの靖国神社には、たとえそこでの戦死者の意味づけが戦後の一般的な価値観とは相容れないものであろうとも、それを信じる自由は認められるということです。その代わりとして、それを国家が特別扱いにすることは、他の立場からの戦死者の意味づけを排除することになりかねないので、慎むべきだというのが、同神社をめぐる政教分離の具体的内容です。

先に紹介した山本勝市議員のような人が、靖国神社で神というのは宗教上の神ではないんだといくら主張してみても、歌謡ショーは遺族のためではなく「ご祭神への奉納」であるという合田道人の「ご祭神」観を知らされたとき、そのような「ご祭神」をただの物故者という意味には受け止められず、それへの表敬は偶像崇拝の禁忌に触れるものとして避けねばならない、と考える人はいて当然なのです。

作家・曽野綾子は保守的文化人として知られている人ですが、この問題に関するかぎりは、少なくとも２００２年までの発言を見るかぎり、藤原節夫や山本勝市のような日本の保守派によくある考え方とはきちんと一線を画して、すっきりしたことを述べていました。

彼女は例の中曽根内閣の「靖国懇」のメンバーに選ばれて審議に加わったとき、懇談会全体の報告書とは異なる個人意見を提出し、靖国神社を諸宗教に中立な追悼施設とは呼びがたいので、首相が公務としてそこに参拝することには問題があるとの見解を表明していました（「宗教を特定しない新たな記念廟の設立を」『ジュリスト臨時増刊――靖国神社公式参拝』32～33頁）。その後、小泉純一郎内閣のとき、似たような「懇談会」が戦没者追悼問題に関連して設けられたことがあります。２００１年の年末、靖国神社参拝問題でギクシャクしてしまった外交関係を修復するねらいもあってか、内閣官房長官の私的諮問機関として設けられた「追悼・平和祈念のための記念碑等施設の在り方を考える懇談会（略称：追悼懇）」です。１年後にその報告書が出る頃合いに、曽野綾子は産経新聞連載エッセー「透明な歳月の光」の中で、「靖国神社代替施設　何回同じ審議すれば済むのか」と題して、それに関連することを書いています（産経新聞２００２年12月20日、[*17]『透明な歳月の光』２３９～２４１頁に再録）。

福田康夫官房長官の私的懇談会「追悼・平和祈念のための記念碑等施設の在り方を考える懇談会」は、答申として「国立の無宗教の恒久的施設が必要」とする報告書を出した。これは「靖国神社に代わる追悼の中心となる新施設建設」を意味するので、「超党派の国会議員らから強い批判がある」という。

私が眼を見張ったのは十二月八日付けの産経新聞の一ページ全面を使った反対の意見広告に、国会議員やオピニオンリーダーたちが何十人も名前を連ねたことだった。あの方たちは思想的に責任をもって、名前を出したのだろうか。

私はカトリックだが、靖国神社にも千鳥ケ淵の戦没者墓苑にも自然な心でお参りする。

国のために命を捧げた人たちの行為に、長く感謝を捧げるのは当然と思うし、日本人には生前から靖国に祀られることに合意していた人たちがたくさんいたことを知っているから、靖国に多くの御霊《みたま》がおられると感じる心情を理解できるのである。

しかしきちんと考えれば、靖国神社は、宗教法人の扱いを受けている特定の宗教である。国を代表し、民族の土着の感情による、いかなる宗教にもかたよらないお社ではない。もし靖国を宗教を超えた国家独自の宗教的施設とするなら、宗教法人を返上し、その運営は国家と個人の寄付によってなされるべきだろう。しかしその場合には靖国はもはや昔ながらの靖国ではない。

私は性格的にいい加減だが、聖書を或る程度読んだので、却《かえ》って他宗教に対して寛大になった。しかし同じキリスト教徒の中でも、厳密な人はたくさんいるのだ。

私は、神が教会の建物だけでなく、この地球上にあまねく存在すること、つまり「遍在」を信じている。しかし世界中には違う宗教や宗派とは絶対に交わらないという厳しい人も多いのだ。その人たちは、教会には行っても神社には行かない。神は「偏在」しているのである。「遍在」と「偏在」は音も字もよく似ているが、その思想は全く違う。

さらにその上に世界には多くの無神論者がいる。「人は死ねばゴミになる」という本を書いた法曹関係者もいた。そういう人たちの心情に対しては、慰霊碑と言う言葉も適当ではない。霊を認め

〈第三種郵便物認可〉　産経新聞　平成14年(2002年)12月8日　日曜日　12版　【全面広告】22

意見広告

私たち国会議員も、靖国神社に代わる「国立追悼施設」に反対です。

福田官房長官の私的懇談会が、国立追悼施設の新設を強行に決定しようとしています。国民の皆さんと共にこの「密室決定」に強く抗議し、「追悼施設構想」の撤回を求めます。

自由民主党
衆議院議員

逢沢一郎　相沢英之　青山丘　赤城徳彦　浅野勝人　荒井広幸　石川要三　伊吹文明　今村雅弘　岩倉博文　岩永峯一　岩屋毅　植竹繁雄　臼井日出男

江藤隆美　大木浩　大野松茂　奥谷通　奥野誠亮　奥山茂彦　小里貞利　小野晋也　梶山弘志　金子恭之　金田英行　亀井静香　亀井久興　亀井善之　河村建夫　瓦力

木村隆秀　木村太郎　木村義雄　熊代昭彦　倉田雅年　栗原博久　高村正彦　小島敏男　近藤基彦　斉藤斗志二　坂井隆憲　阪上善秀　坂本剛二　桜田義孝　左藤章　佐藤静雄

佐藤剛男　佐藤勉　塩崎恭久　七条明　実川幸夫　自見庄三郎　菅義偉　杉山憲夫　鈴木恒夫　砂田圭佑　園田博之　高市早苗　高木毅　高鳥修　高橋一郎　竹下亘

田中和徳　谷洋一　谷川和穂　谷田武彦　田野瀬良太郎　近岡理一郎　津島雄二　虎島和夫　中川昭一　中曽根康弘　中野清　中村正三郎　仲村正治　中本太衛　中山利生　中山成彬

中山正暉　長勢甚遠　西川京子　西川公也　西田司　西野あきら　根本匠　野田聖子　野呂田芳成　蓮実進　馳浩　鳩山邦夫　葉梨信行　浜田靖一　林省之介　林幹雄

林義郎　林田彪　原田昇左右　原田義昭　菱田嘉明　平井卓也　平沢勝栄　平沼赳夫　福井照　藤井孝男　二田孝治　古屋圭司　堀之内久男　牧野隆守　松岡利勝　松島みどり

松野博一　松宮勲　松本和那　水野賢一　三ッ林隆志　御法川英文　宮腰光寛　宮澤洋一　宮下創平　宮本一三　武藤嘉文　村井仁　村田吉隆　持永和見　茂木敏充　森英介

森岡正宏　森田健作　森田一　八代英太　保岡興治　谷津義男　柳本卓治　山口俊一　山中貞則　山本明彦　山本公一　吉川貴盛　吉田幸弘　吉田六左エ門　吉野正芳　米田建三

渡辺具能　渡辺博道　渡辺喜美

自由民主党
参議院議員

愛知治郎　阿南一成　荒井正吾　有村治子　井上吉夫　岩永浩美　上杉光弘　太田豊秋　大野つや子　尾辻秀久

小野清子　片山虎之助　加藤紀文　狩野安　亀井郁夫　河本英典　岸宏一　北岡秀二　木村仁　久世公堯　国井正幸　小斉平敏文　小林温　近藤剛　後藤博子　斉藤滋宣

桜井新　佐々木知子　佐藤泰三　陣内孝雄　鈴木政二　関谷勝嗣　世耕弘成　田浦直　竹山裕　谷川秀善　田村公平　中川義雄　中曽根弘文　仲道俊哉　野上浩太郎　野間赳

服部三男雄　林芳正　保坂三蔵　松谷蒼一郎　松田岩夫　松山政司　真鍋賢二　森下博之　森田次夫　森山裕　矢野哲朗　山内俊夫　山崎正昭　山崎力　山下英利　吉村剛太郎

若林正俊

民主党
衆議院議員

小林憲司　松野頼久　松原仁　吉田公一

民主党
参議院議員

海野徹　江本孟紀

自由党
衆議院議員

東祥三　塩田晋　西村眞悟　藤島正之

自由党
参議院議員

大江康弘　田村秀昭　平野貞夫

保守党
衆議院議員

小池百合子

保守党
参議院議員

泉信也　鶴保庸介

無所属の会
衆議院議員

粟屋敏信

自由連合
衆議院議員

徳田虎雄

無所属
衆議院議員

中村喜四郎　藤波孝生　星野行男

（党派・衆参順、五十音順敬称略）

12月5日現在の国立追悼施設の新設に反対する国会議員署名

225名

古賀誠氏（財団法人日本遺族会会長）

「『懇談会』が建設の答申を出すならば、靖国神社の根源にかかわり、わが国の存立の根幹を揺るがす重大な事態をもたらす。遺族会は新施設構想を断じて容認しない」

（十一月二十日付産経新聞）

麻生太郎氏（自由民主党政調会長、衆議院議員）

「外国に言われたから新しい施設を作るというのは全然、理解できない」

（十一月十九日付産経新聞）

●「国会議員署名」呼びかけ人

葉梨信行（自由民主党・衆議院議員）
中山利生（自由民主党・衆議院議員）
原田昇左右（自由民主党・衆議院議員）
相沢英之（自由民主党・衆議院議員）
亀井静香（自由民主党・衆議院議員）
臼井日出男（自由民主党・衆議院議員）
中川昭一（自由民主党・衆議院議員）
高市早苗（自由民主党・衆議院議員）
関谷勝嗣（自由民主党・参議院議員）
桜井新（自由民主党・参議院議員）
森田次夫（自由民主党・参議院議員）
吉田公一（民主党・衆議院議員）
塩田晋（自由党・衆議院議員）
小池百合子（保守党・衆議院議員）
粟屋敏信（無所属の会・衆議院議員）

●首相の靖国神社参拝を求める国民の会

市田ひろみ（服飾評論家）、宇佐美忠信（(財)富士社会教育センター理事長）、岡崎久彦（元駐タイ大使）、小野田寛郎（財団法人小野田自然塾理事長）、加藤芳郎（漫画家）、日下公人（東京財団会長）、工藤伊豆（神社本庁総長）、工藤雪枝（ジャーナリスト）、小林よしのり（漫画家）、小堀桂一郎（東京大学名誉教授）、田久保忠衛（外交評論家）、津川雅彦（俳優）、中西輝政（京都大学教授）、長谷川三千子（埼玉大学教授）、船村徹（社団法人日本作曲家協会会長）、前野徹（アジア経済人懇話会会長）、渡部昇一（上智大学名誉教授）　［五十音順］

【連絡先】「首相の靖国神社参拝を求める国民の会」〒153-0042東京都目黒区青葉台3-10-1-602　TEL03-3476-5778　FAX03-3476-5612

※本会は国民の皆様のご支援により支えられています。一口3,000円のご協賛（何口でも結構です）を賜ることができましたら幸いです。【振込先】郵便振替口座00150-8-52814「首相の靖国神社参拝を求める国民の会」

産経新聞2002年12月8日付に掲載された
「首相の靖国神社参拝を求める国民の会」の全面広告

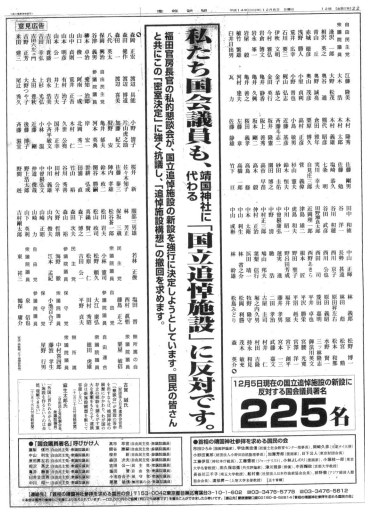

ない人をも祀るとなると、国家としては記念碑という概念以上の場所を設定はできない。日本人は宗教に対して、厳密でなさ過ぎる。信仰をいい加減に扱うと後が恐いという恐怖心を、もう少し持ったほうがいい。もちろん中国その他の国が、日本の総理が国家の犠牲になった人たちに感謝する行為に口を出す筋合いではない。

この手の問題は、いままで何回、お金と人を集めて審議をすれば気が済むのか。私も委員の一人だった通称「靖国懇」は、昭和六十年で、私は今と同じ考えの個人的な答申のペーパーを出している。

ここで曽野綾子は、戦死者を記念する公的施設の必要性は認めているし、また、外国からのクレームに不快感を示す点では保守派全体の気分を共有しています。さらに、自分個人としては神道の靖国神社をも表敬の対象とすることに抵抗感を覚えないことも告白しています。しかしながら、そのことと、国民のうち何教を信じる者にも同じ態度を取れと勧めることとはまったく別問題だということを、はっきり自覚しています。

「日本人は宗教に対して、厳密でなさ過ぎる。信仰をいい加減に扱うと後が恐いという恐怖心を、もう少し持ったほうがいい」という彼女の指摘は、日本会議イデオロギーに凝り固まっていたはずの自民党が、日本人の富を韓国に貢がせるのが人類救済の道だと説く統一教会と裏でべったり結びついていたという驚愕の事実が明るみに出た今日、まさに学ぶべき言葉でしょう。

＊17　追悼懇の報告書提出は12月24日であるのに対して、曽野綾子の当該エッセーの新聞掲載日はそれより4日前の12月20日である。にもかかわらず文中に「……報告書を出した」と過去形が用いられている理由については不明。曽野綾子がこの問題に関心の深いことを知っていた追悼懇関係者が、事前に報告書の内容を個人的に知らせていた可能性がある。

Q9　靖国神社を特殊法人に改組すれば問題は解決するか？

【質問】「戦後のわが国では、戦没者の追悼という公的性格の事業を、民間の宗教法人となった靖国神社に丸投げにしてきたことで種々の問題が起こっているのだから、靖国神社を宗教法人から特殊法人に改組して、その運営に国が名実ともに関与できるようにすれば、問題は解決する」という意見があります。これをどう評価しますか？

【回答】 これは、直近の例としては、２００６年8月に当時の麻生太郎外務大臣が、個人的意見として朝日新聞に投稿した例がありますが（同月8日朝刊8面「私の視点」）、昔から同工異曲の提案が「忘れたころにまた顔を出す」ことをくり返している、手垢のつききった意見です。

ほかでもない、１９７４年5月に一度だけ衆議院を通過したものの成立の見込みが立たずに放棄された「靖国神社法案」そのものが、その祖型です。

もともとこの法案は、原案づくりの段階で、「国家的な機関に戻す以上は憲法の政教分離原則に違反しないように、宗教色を除き、戦死者の名簿を保管してそれを記念する諸儀式だけを行なう場にする必要がある」と考える勢力と、「英霊を合祀奉斎する靖国神社であってこそ意味がある」と考える勢力とのあいだで、調整が難航したという経緯があります（旧資料集116〜156頁）。妥協案として成立したのは、靖国神社という名称は残すが、それは創建の由来にかんがみてこれまでの名称を踏襲する以上のものではないという「申し訳」をわざわざ書き込むという案でした。つぎのようにです。

第1条　靖国神社は、戦没者及び国事に殉じた人々の英霊に対する国民の尊崇の念を表わすため、その遺徳をしのび、これを慰め、その事績をたたえる儀式行事等を行ない、もってその偉業を永遠に伝えることを目的とする。

第2条　この法律において「靖国神社」という名称を用いたのは、靖国神社の創建の由来にかんがみてその名称を踏襲したのであって、靖国神社を宗教団体とする趣旨のものと解釈してはならない。

自民党から議員立法をめざしてこの法案が提出されたとき、反対の声が各方面から上がりました。戦没者を「英霊（＝すぐれた霊）」と呼び、その「遺徳をしのび」、「事績をたたえる」などの大時代的な表現をあえてするところに現われている後ろ向きな姿勢に、きな臭いものを感じ取って、いわゆる〝進歩派〟が警戒心をいだいたのは、怪しむに足りません。が、それだけでなく、宗教界も、神社本庁とそれに同調する一部の宗教右派の教団を除くと、宗派・教団のレベルで反対の意思を表明しました。

概して日本の宗教団体は、地域の名望家に檀家総代を務めてもらって成り立っている伝統仏教教団や、専業主婦や中小企業のオーナー経営者などを活動的信者の補給源とすることで布教効率を上げてきた新宗教教団の場合、家父長主義的な価値観と親和的であることが多く、一見すると教団自体も信者個々人もひっくるめて保守政党の票田です。しかしながら、神社神道に特別な地位を与えるという宗教政策が出てきた場合だけは少々事情が異なり、少なくとも教団指導層は警戒的になります。というのは、神社神道を何教の信者であろうと従うべき「公共の宗教」として、一般の宗教よりも一段上に置き、さらには、神社は国家に功労のあった先人を記念する国民道徳的な場所なのだから「非宗教」であるとの詭弁まで使って神社参拝を強要してきた戦前国家の路線によって、神社神道以外の宗教団体は多かれ少なかれ迫害を受けてきた歴史があるからです。

それらの教団の指導者層が靖国神社法案の中に嗅ぎ取ったのは、靖国神社に神社神道というれっきとした一宗教の儀礼体系にのっとった祭祀をやらせておきながら、一片の法律によって「これは宗教ではない。国民道徳的な施設だ」と宣言しさえすれば、国家的に維持することが許されるという思想の危なさ。それは戦前の「神社非宗教論」とまるっきり同じだということです。

それを防ぐためには戦前の国家神道への反省から定められた憲法20条の政教分離規定の意義を今こそしっかり再確認する必要がある、というのが、教団指導者たちに共通する見解でした。[*18]

こうして、軍国主義復活反対という世俗的・政治的な理由による反対のほかに、宗教界による政教分離視点からの反対も加わったため、与野党の議員の数だけからいえば通ってもおかしくないはずの法案が、なかなか通らないという結果になったのです。

靖国神社法案は１９６９年以降４回にわたって審議未了・廃案をくり返した後、１９７３年４月27日に五度目に上程されたものが会期末に継続審査と決まり、その年の12月１日に召集された通常国会で審議凍結が解除となり、１９７４年４月12日に衆議院内閣委員会でようやく初めて委員会レベルで可決されました。そして本会議に付託されて５月25日には衆議院を通過するのですが、じつはその時にはすでに、これは提案者の顔を立てるための義理チョコ的な可決にすぎず、参議院に付託されても通過はさせないことが、関係者のあいだでは了解済みだったと言われています。翌日の朝日新聞朝刊３面には「『了解ずみ』の〝靖国〟可決」との見出しが見られます。

というのは、委員会での可決から本会議での可決に至る中間の５月13日付で衆議院法制局によって示された「靖国神社法案の合憲性」という文書（旧資料集１７１〜１７５頁）には、この法案は現行の靖国神社の神道的諸儀式を排し、世俗的なものへと置き換えることで初めて合憲になるという趣旨のことが、正直に書かれており、当の靖国神社自身および神道家の立場から法案を支持してきた人々がこれに反発し、そのような法案ならたとえ国会を通過しても意味はないとの態度へと転じたからです。

同年９月１日付の同神社の社報『靖國』の巻頭随筆「靖濤」には、以下の文が見られます。

靖国神社法案をめぐって、今年ほど「靖国神社」がマスコミに取上げられたことは曽ってない。それも殆んどが好ましい扱いではない。何故か、遠因を大いに考えるべきである。

この法案に対し、先般衆議院法制局の見解が発表された。法制局の見解の通り法律が施行されると、率直に云って、靖国神社は神霊不在、言わば正体不明の施設に堕することは間違いない。結果は春秋例大祭や漸く親しまれて来た「みたままつり」また御創立以来欠かすことなく続けられて来た朝夕日々の祭祀も制限を受けるか奉仕出来なくなる。永代神楽祭も戦友会の慰霊祭も同様である。

永年、靖国神社国家護持達成を一体となって強力に推進して来た我々にとって、この法案はなほ再三審議の必要がある。国家護持とは戦歿者の「みたま」を祀る現状の侭の靖国神社に、国家の責任と道義の姿勢を正すことである。「靖国」二〇〇号のこの欄で述べた言葉を、もう一度繰り返させて頂く「首尾を焦り靖国神社御創立本来の姿を維持出来ず〝悪法も又法なり〟の結果を余儀なくされては悔を千載に残す。」

つまり靖国神社法案は、軍国主義復活反対という政治的な観点からの反対のほかに、政教分離をしっかり守れという宗教界からの反対、およびこんなかたちでの国家護持ならば意味がないとする靖国神社自身の反対という、三種類の反対があって不成立に終わったものなのです。

以来、もともとは国家護持運動に大いに情熱を燃やしてきたという人であればあるほど、事情をよく知っているがゆえに、靖国神社法案をもう一度蒸し返して成立を期することは無理だということを、本音を言える場では明言します。代表的な例として、靖国神社に対して県費からの玉串料支出をくり返し、愛媛玉串料訴訟の被告となった白石春樹元愛媛県知事の場合があります。

白石被告は現役の知事時代、1978年8月15日に愛媛県戦没者追悼式でのあいさつの中で、つぎのような言葉を述べていました（愛媛Ⅱ168頁）。

敗戦の憂き目を経験した私たちは、今日、果たして、これら先人の遺訓を生かした真の政治をやっているということがいえるでしょうか。その基本となるものは、何と申しましても、国家のため、国民のために殉じられました英霊に対し、いかにお応えし、日本の魂である英霊の精神をいかに伝承してゆくか、ということであります。そのためには、私は、靖国神社を国家が護持することであり、この悲願が達成されない限り、「日本の戦後は終わらない」と思うのでございます。私たちは、あくまでも、この悲願が貫徹でき、そして、政府が勇断をもって、日本に、日本人精神を吹き込んでくれる、そういう事態の一日も早からんことを望む次第でございます。

後に1991年10月17日、愛媛玉串料訴訟控訴審の「一審被告白石春樹本人に対する尋問」の中で、原告側から記録文書にもとづいて、右のようなあいさつをしたのは事実かと問われた際、白石被告はつぎのように答えました（愛媛Ⅱ169頁）。

追悼式には遺族の方がたくさん来ておられます。したがって、私も知事としての行政官であるとともに政治家でございます。したがって、そういうようなふうに熱烈な言葉遣いをしたかもわかりませんが、お話のような、靖国神社国家護持ということは、私はできんことだと思うておりました。しかし、それができんことだというようなことを言うたのでは、遺族の方に非常に気の毒でございます。私はそういうような意味からも、できんでも一生懸命に国家護持の運動をするということは、あの方々のいわゆる生きがいだというふうに考えておりましたので、強く主張をしたかもわかりません。

なるほど、すでに1978年の段階で、白石知事にとっての国家護持論は、できないことをわかっていて口にしたリップサービスだったというのです。

靖国神社法案が流産したあと久しく鳴りをひそめていた靖国神社特殊法人化構想は、2006年に麻生太郎外務大臣によって骨董のお蔵から持ち出される前にも一度、1999年に、小渕恵三内閣の内閣官房長官野中広務によって、個人的な提案というかたちで、A級戦犯分祀案とセットにして唱えられたことがあります（菅原伸郎編著『戦争と追悼――靖国問題への提言』47〜48頁）。

しかしすぐに、批判に堪えられない案として、ひっこめられています。

理由は、同年11月16日の衆議院厚生委員会の席上、金田誠一議員（社会党）の質問に対して阪田雅裕政府参考人（内閣法制局第一部長）が簡潔に答えた答弁の中で言い尽くされています（資料【七二〇】）。

○**金田誠一委員**　法制局に端的にお答えいただきたいのですが、さきの国会で、日の丸・君が代等々、成立したわけでございますけれども、その流れの中で、靖国神社の特殊法人化というものが出てまいりました。この問題は、戦没者ということからすると厚生省ともかかわりがないわけではないと思うわけでございます。

この靖国神社の特殊法人化について二点お聞かせいただきたいのですが、宗教色を残したままで特殊法人化することは憲法に抵触すると私は考えますが、これについてはどうかというのが一つ。

もう一つは、現に宗教法人として存立している宗教団体のあり方に政府が干渉することは、これまた憲法の政教分離規定に反する行為と私は考えますけれども、この二点について、端的にお答えいただきたいと考えます。

○**阪田雅裕政府参考人**（**内閣法制局第一部長**）　まず第一点でありますけれども、政府として今御指摘のようなことを考えているというわけではございませんので、具体的には大変お答えがしにくいわけでありますけれども、したがいまして、あくまでも一般論として申し上げるということになろうかと思いますが、宗教上の儀式、行事あるいはその他の宗教的な活動を行うことを本来の業務とするような法人、こういったものを国が設立するということは、そのこと自体が憲法二十条三項で禁止されております国が行う宗教的活動に該当する、したがって到底許されないというふうに考えております。

それから、第二点目の、政府の干渉ということの意味でありますけれども、その意味が必ずしもはっきりとはしないのですけれども、一般に、憲法二十条が保障する信教の自由は、信仰の自由、あるいは宗教上の行為の自由というものだけではなくて、宗教上の結社の自由も含まれるというふうに解されております。そして、この宗教上の結社の自由は、単に宗教団体を設立するということだけではなくて、設立された宗教団体が宗教活動に関して自主的にその意思を形成するという自由も含まれるというふうに解されております。

そういたしますと、今の政府の干渉ということの意味が、仮に、例えば宗教団体の教義であるとか、あるいは宗教上の儀式、行事のあり方、さらに申し上げますと、宗教団体が宗教団体として存続を続けるかどうかというようなことについて、これは本来宗教団体の自主的な判断にゆだねられるべき事柄でありますから、そういった事柄について政府がその意思形成に介入するということを意味するものだといたしますと、これもまた憲法二十条との関係で問題が生ずるというのが私どもの考えでございます。

このようなわけで、「靖国神社を特殊法人にして、国が心おきなく面倒を見られる組織にすることこそが、赤紙一枚で召し出して命を捧げさせた戦没者に対し国の示すせめてもの誠意の証である」といった一見わかりやすい命題は、靖国神社のもつ宗教団体としての性格を考慮したとき、そう簡単に肯定できるものではないことがわかってきたのです。

これは、必ずしも靖国神社を敵視するのではなく、そのもつ宗教性そのものはできるかぎり評価するという立場の宗教者のあいだで、当時すでに最大公約数的な受けとめ方になっていました。

そうした立場を手際よく文章にまとめたものとして、戦後まもない日本で新日本宗教団体連合会（新宗連）を立ち上げて、新宗教界のまとめ役だった立正佼成会の庭野日敬《にっきょう》会長が、1984年に『伝統と現代』という雑誌の第79号（副題は「総特集靖国」）に寄稿した「『国家』より『国民』へ」という一文があります。

庭野会長は戦前の暗い時代への反省を語り、新憲法が保障した信教の自由と政教分離の大切さを説くとともに、例の衆議院法制局が靖国神社法案を合憲とするための条件として示した、靖国神社から宗教性を剥奪する種々の方策にも言及して、「『護国の英霊』として祀られる『みたま』から神性を剥奪することは、国家護持をすすめておられる人々の本意に沿っているのでありましょうか」（84頁）と疑問を提示しています。そのうえで、靖国神社が真にそれを大切に思う人々によって支えられるならそれはそれで結構なことであるとしています。それが可能なことはすでに、戦後の合祀事業が経済的困難で進展しなかったころに民間人によって「靖国神社奉賛会」が組織されて、合祀手続きの財源をまかなった実績からも、実証されていると述べています。そして「国家護持」ではなく「国民護持」をと、提唱しています。

興味深いのは、この「国民護持」という同じ言葉が、A級戦犯合祀で知られる松平永芳宮司の手記にも見られるということです（「誰が御霊を汚したのか――『靖国』奉仕十四年の無念」『諸君！』1992年12月号所収、166頁）。

「国家護持」という言葉は戦後誰が言い出したのかは存じませんが、全国の戦友会や遺族会の方々が、何百万何千万という署名を一生懸命集められた。そして国会に何度か法案が提出されたものの、ついに通らずに廃案となった。いわば戦友会、遺族会の悲願中の悲願だったわけです。しかし私は断乎反対いたしました。というのは、「靖国法案」をよく読むと、靖国神社という名称こそ残すものの、役員である理事長などは総理が任命するし、宗教色はなくせというのです。法制局の見解によれば、祝詞は感謝の言葉にかえ、降神、昇神の儀はやめる。修祓も別の形式を考案し、拝礼の形も自由にするという。つまり、政府はカネを出すかわりに政府が牛耳る。靖国神社と称するものの中身は神社ではなくなってしまうんです。

ところが戦前派の人たちは、法制局がいじくった法案なんか目を通しませんし、国家護持といえば、今のままの姿の靖国神社を国が守ってくれると、日本人らしい純粋な気持ちで信じている。そこへ当の靖国神社の宮司が反対を打ちあげたものですから、すごい反撃でした。

しかし、人からおカネをもらえば、胸を張って言いたいことも言えなくなります。政府の庇護を受け、それに縛られていると、とんでもない政権が現われ、どんな目にあうか分らない。それに、村や町のお社だって、お祭りとなれば、氏子がめいめいに寄附するから、自分たちのお宮だという意識が生れる。これがすべて町費でやるとなれば、そうはいかない。だから靖国神社も、戦前と異質な戦後の国家による国家護持では危険なので、国民護持、国民総氏子でいくんだと、私は繰り返し申し上げた。それがだんだん分っていただけるようになったのは、結構なことだと思っています。

21世紀に入って以降、靖国神社が中韓との外交的摩擦の原因になっている状況に直面して初めてこの問題に関心を持ったような人は、評論家として知名度のある人でさえ、「根本的解決は特殊法人化じゃないでしょうか」などと能天気なことを言う場合がありますが、そういう人は、ここで紹介した歴史を勉強していないのだと思います。

＊18　ただし赤澤史朗が指摘するように「憲法二〇条の信教の自由の権利は、それが失われる可能性に直面する中で『発見』された基本的人権の、いわば最後部に位置するものであった」（赤澤Ⅰ149頁）。靖国神社国家護持の動きが目立つようになる前までは、一般に日本社会は、浄土真宗門徒なども含めて、憲法20条の問題には鈍感であった。浄土真宗は既成仏教諸宗派の中では比較的早くから宗門レベルで国家護持反対の立場を鮮明にした宗派であるが、それでも靖国神社法案が国会に上程された直後には、遺族門徒の一部が逆に法案賛成の立場を打ち出して、宗門に反旗を翻すケースもあった（赤澤Ⅰ170頁）。

Q10 「無名戦士の墓」の日本版が靖国神社なのか？

【質問】 日本の首相や防衛大臣のような政府高官が諸外国を公式訪問した際、それぞれの国の「無名戦士の墓」または類似の名称の施設を表敬訪問するのが慣例と聞いています。しかし外国の元首や政府高官が日本を公式訪問した際には同様な表敬訪問をできる場所がないので、外交儀礼が非対称になっているそうです。日本の場合は靖国神社がそれに相当するのだという解釈を打ち立てることはできないのでしょうか？

【回答】 「日本の場合は靖国神社こそが諸外国の無名戦士の墓の対応物だ」――この主張は今に始まったものではなく、古くからあります。

Ｑ７で紹介した１９５１年10月７日の朝日新聞記事にあるリード氏が藤井君に「日本の無名戦士の墓」への案内を頼んだとき（１９４６年ごろのことでしょう）、藤井君が靖国神社を案内先として選んだのは、当時としては自然なことでしょう。靖国神社以外に、外国の「無名戦士の墓」に類似したものは存在しなかったのですから。以来、二人の個人的交流の範囲内では同神社を「日本の無名戦士の墓」と受け止める合意が続いたでしょうし、後世のわれわれが「それは誤りだ」とおせっかいな口出しをする必要もありません。

しかし、国家間の正式な外交関係の観点からみると、A級戦犯が祀られているという後に起こる問題とは別に、政府が公的に管理運営しているわけでもない民間の施設である靖国神社、しかもそこでは明らかに特定宗教の方式に従った儀礼が執行されている靖国神社に、無名戦士の墓の対応物としての役割を担わせるのは、問題がありすぎます。

このことは占領終了後すぐの時代から気づかれていました。

海外戦跡地での遺骨収集が始まった1952年、10月23日の閣議了解事項として「送還した遺骨のうち、氏名の判明せるものは、その遺族に交付し、残りは国において納骨堂を建てて納骨することを建前とする」と決められており（資料【三三五】）、さらに1953年12月11日の閣議決定で、国の責任において維持管理が行なわれる「無名戦没者の墓」の建設が正式に決められています（資料【三三八】）。それを今後は外国高官に表敬してもらえる施設にしようという考えが、関係者のうちかなりの割合の人の心の中にはあったと推測できます。

1954年6月16日付の「『無名戦没者の墓』に関する打合会議事記録（厚生省）」という文書（資料【三四六】）には、井下（日本造園学会々長）「収納した遺骨が全戦没者遺骨の一部であるということにこだわらず、観念的に全戦没者を含めた墓というようにしてほしい」、山下春江（衆議院議員）「井下氏と全く同意見である。外国の例をみても、全戦没者が象徴的にすべて祀られていることになっている」などの発言があります。

同時に、逢沢（日本遺族会副会長）「海外の例を見ても、このような墓は将来儀礼的行事の中心となり、外国使臣もここに詣ることとなるだろうが、墓に詣った人が、総て靖国神社にも詣でることになることが望ましいので、墓の敷地は、是非とも靖国神社の境内とされたい」、御木（日本宗教連盟理事長）「遺族の中にも、キリスト教、仏教、神道等があって、全遺族が残らず靖国神社に建てることを喜ぶとは必ずしもいい得ないと考える」という対極的な意見表明もみられます。

「靖国神社は靖国神社として今後とも大切にされてよいが、それと両立するものとして『無名戦没者の墓』を国営のものとして建設する」というあたりは、共通の合意事項となっていたようです。しかし、外交儀礼の場としては靖国神社に優先して「無名戦没者の墓」のほうが選ばれるとしてもそれでよいと割り切る立場と、靖国神社より「無名戦没者の墓」のほうが目立つような状態は絶対に避けたいという立場との対立が、すでに芽生えていたようです。

「無名戦没者の墓」構想は、場所選びに難航したすえ、靖国神社から南に500メートルばかり離れた皇居内濠千鳥ヶ淵に近接する旧賀陽宮《かやのみや》邸跡に建設が決まり、1959年3月28日に「国立千鳥ケ淵戦没者墓苑」〔〝ケ〟を大きく書くのがオフィシャルな表記〕として開苑されました。

そこに至る過程で、先に出てきた日本遺族会副会長・逢澤寛《あいざわかん》衆議院議員（自民党）の動きが、妙に気になります。彼は当初、そのような施設は当然、外国要人が公式に訪れる場となるであろうと見越したうえで（そうなることを肯定したうえで）、そういう要人が靖国神社にも表敬してくれることを期待して、墓苑の場所を靖国神社境内地にせよと主張していたのですが、それが叶わないとなると一転して、墓苑の意義そのものを低める姿勢へと転じているのです。

1956年12月3日の衆議院海外同胞引揚及び遺家族援護に関する調査特別委員会で、いよいよ建設が決まった墓苑（まだ最終的な名称は未確定だった）の性格づけをめぐって、逢澤議員は小林英三厚生大臣を相手に〝言質をとる〟ような質問を浴びせました（資料【四〇二】）。

○逢澤委員　もう一点お尋ねして、ここに記録に残しておきたいと思いますのは、今、厚生大臣からお話のありましたように、決して信仰の対象を二分化するものじゃない、あくまでも全戦没者の英霊の対象は靖国神社である、こういうお話であったと了承するものであります。従いまして、〔中略〕当分の間は――もし外国の使臣などが個人的に参拝なさることは、これは阻止することはできません。けれども、政府みずからが案内をして、あるいは招待をして、これに参拝をするというようなことはないようにお願いしたい。〔中略〕一つ御明確な御答弁を願います。

○小林国務大臣　先ほどから御報告申し上げております無名戦没者の墓は、あくまでも無名戦没者の墓でございまして、今逢澤さんから外国使臣云々というような問題もございましたが、もし外国の使臣がおいでになりまして、あれはどういうものであるかというような話があった場合におきましては、あれは引き取り手のない、いわゆる無縁仏の骨をお祭りしてあるのだ、無名戦没者の墓であるということは、当然御説明を申し上げなくちゃならぬと思います。それにもかかわらず外国使臣が、それでもいいからお参りしたいということでありますれば、これまた差しとめる筋合いのものでもないと思います。〔後略〕

○**逢澤委員**　大体御答弁の趣旨はよく了承したのでありますが、しからば、今のお答えは、政府としても今度できるお墓が、決して全戦没者の英霊の対象じゃない。従って、これを代表としての取扱いはしない。もし外人などが参ると言えばこれは御勝手のことだが、これを代表として政府がこれに案内し、これに招待はせぬ、こう仰せになったと了承してよろしいでしょうか。
○**小林国務大臣**　その通りでございます。
○**逢澤委員**　私の質問は終りました。

このときの〝言質〟は21世紀になっても生きているようです[*19]。その証拠に、２０１３年10月３日に、日米外務・防衛担当閣僚会合（２＋２）のために来日していたアメリカのジョン・ケリー国務長官とチャック・ヘーゲル国防長官とが、合衆国政府高官としては史上初めて千鳥ケ淵戦没者墓苑を表敬訪問したときも、時の安倍政権は「どうしても訪問なさりたいなら、別にお止めはしません。ご自由に」と言わんばかりの、そっけない態度をとりました（両長官は日本側の案内にはよらず、公式日程の枠外で自主的に同墓苑を訪問したものです）。

翌10月４日、日本で発行されている英字新聞ジャパンタイムスは、両長官の行動を、推測されるその意図まで含めて、かなりの字数を使って報道しています。

ケリーとヘーゲル、靖国の地位を低めるために千鳥ケ淵を訪問合衆国のジョン・ケリー国務長官とチャック・ヘーゲル国防長官は木曜、千鳥ケ淵戦没者墓苑に献花した。同墓苑は第2次大戦中に海外で戦没した身元不明の日本人の遺骨を納めた墓苑で、今回の献花はどうやら日本に対して靖国神社をもてはやすのをやめさせるための企てらしい。

同墓苑のあるスタッフによれば、ケリーとヘーゲルは同墓苑を表敬訪問した外国要人としては1976年のアルゼンチン大統領以後では最も地位が高い。

別のスタッフによれば今回の訪問は日本側の招待によるものではなく、合衆国側の自発的な行為である。

合衆国の国防省筋によれば、皇居に近いこの墓苑は、日本の施設としては、ワシントンからポトマック川を隔てた先に広がるアーリントン国立軍人墓地の「最も近似した対応物」である。

この見解は、250万柱《はしら》の祭神の中に14人のA級戦犯をも含めている靖国神社をアーリントンになぞらえた安倍晋三首相の見解とは対立するものである。

安倍首相は5月の訪米中、『フォーリン・アフェアーズ』誌に、東アジア諸国から日本軍国主義の象徴とみなされている同神社のことを「国に殉じた」人々に敬意を捧げる追悼施設であると語った。

「わたしは、日本の指導者たる者が国のために命を捧げた人々に祈りを捧げるのはきわめて自然なことであって、他の諸国の指導者がしているのと何ら違いはないと思います」と彼は語った。

安倍氏は2006年から2007年にかけても首相を務めていたが、これまで靖国参拝は控えてきた。

Pointed visit: U.S. Secretary of State John Kerry (left) and Defense Secretary Chuck Hagel lay flowers Thursday at Chidorigafuchi in Tokyo. KYODO

Kerry, Hagel visit Chidorigafuchi to diminish Yasukuni

AFP-JIJI

U.S. Secretary of State John Kerry and Defense Secretary Chuck Hagel laid flowers Thursday at Chidorigafuchi, the cemetery in Tokyo for the remains of unidentified Japanese who died overseas during World War II, in an apparent attempt to nudge Japan away from lionizing Yasukuni Shrine.

Kerry and Hagel became the most senior foreign dignitaries to pay their respects at Chidorigafuchi since the Argentine president in 1979, a cemetery official said.

Another official said the visit was initiated by the U.S. and not the result of a Japanese invitation.

U.S. defense officials said the cemetery near the Imperial Palace is Japan's "closest equivalent" to Arlington National Cemetery, the massive military graveyard across the Potomac River from Washington.

That view contradicts that of Prime Minister Shinzo Abe, who has likened Yasukuni, where 14 Class-A war criminals are among the 2.5 million enshrined, to Arlington.

During a visit to the United States in May, he told Foreign Affairs magazine that the shrine, seen across East Asia as a symbol of Japan's militarism, is a tribute to those "who lost their lives in the service of their country."

"I think it's quite natural for a Japanese leader to offer prayers for those who sacrificed their lives for their country, and I think this is no different from what other world leaders do," he said.

Abe, who was also prime minister from 2006 to 2007, has stayed away from the shrine so far.

Around 100 lawmakers, including three Cabinet ministers, went to the shrine on Aug. 15 this year, drawing angry denunciations by China and South Korea. Abe sent an offering with an aide.

Unlike Arlington, Yasukuni's caretakers promote a view of history that is contentious even at home, with the accompanying Yushukan museum staunchly defending much of Japan's wartime record.

A U.S. official told media Kerry and Hagel were paying tribute at Chidorigafuchi in the same way that "Japanese defense ministers regularly lay wreaths at Arlington."

"This memorial is the closest equivalent. It honors Japanese soldiers, civilians and support personnel killed on World War II battlefields, but whose remains were never recovered by their families. It is a gesture of reconciliation and respect," the official said.

Seki Tomoda, an expert on international politics and diplomacy, said the visit could be Washington's attempt to help East Asia overcome the obstacle caused by the Yasukuni issue, by conferring legitimacy and respectability on Chidorigafuchi.

ジャパンタイムス 2013 年 10 月 4 日記事

今年は閣僚3名を含む約100人の国会議員が8月15日に靖国神社に参拝し、中国・韓国から怒りに満ちた非難を招いたが、その際、安倍首相は補佐官を遣わして供物を奉納した。

アーリントンとは異なり、靖国の世話人たちは、付属の博物館である遊就館で戦争中の日本の業績の多くを断固として弁護することにより、国内でも異論の多い歴史観を宣伝している。

合衆国のある当局者は、ケリーとヘーゲルは「日本の防衛大臣がいつもアーリントンに花輪を捧げに行く」のと同じように千鳥ケ淵に献花をしたのだとメディアに語った。

「この記念堂こそが最も近似した対応物である。ここでは第2次大戦の戦場で死んだ日本の兵士、民間人、軍属で、その遺骨が家族によって引き取られなかった人々が追悼されている。今回の訪問は和解と敬意の意思表示である」とその当局者は言った。
国際政治・外交の専門家であるセキ・トモダによると、この訪問は、ここが正統的で敬意に値する施設だとのお墨付きをこの墓苑に授けることで、靖国問題が引き起こした障害を東アジア諸国が克服する手助けにしようとの、ワシントンの企てかもしれないとのことだ。

これにひきかえ日本語のマスメディアは、安倍首相に「忖度」してか、そのニュースをごく小さくしか報道せず、結果的にその年の12月26日に実行されることになる「安倍靖国参拝」の露払いをしました。

なお、1955年前後の厚生省引揚援護局のナンバー・ツーで、靖国神社に合祀適格者名簿を送付する作業の中心人物であった美山要蔵元陸軍大佐が、靖国神社は靖国神社で大切にする一方、外交儀礼の場としては新しくできる無名戦没者の墓のほうが活用されることを希望し、その計画に茶々を入れる靖国神社の頑固さに頭を悩ませ、時には対決姿勢さえ示していたという興味ある事実が、伊藤智永『奇をてらわず——陸軍省高級副官美山要蔵の昭和』に紹介されています（同書第11章「靖国との対決」）。

＊19　墓苑が開苑された直後、1959年3月31日の衆議院内閣委員会で、この墓苑の性格に関する受田新吉議員（社会党）の質問に答えて、河野鎮雄厚生省引揚援護局長は「このお墓にお納めいたします御遺骨は、今次

大戦の各戦域にわたって戦没されました無名の遺骨で、これは各戦域で死没されました戦没者の全体につながるものでございまして、いわば象徴的遺骨というふうに考え、こういった御遺骨をお納めいたします独特のお墓である、かように考えておる次第でございます」、「なるほど御遺骨は氏名が判明いたしませんし、従って御遺族にお渡しできないものでございますが、むしろ無縁の骨というよりは、先ほどもお答え申し上げましたように、各戦域の全戦没者の御遺骨を象徴しておるもの、全戦没者の御遺骨につながっておるものというふうに私どもは観念をいたしておるわけであります。この間の追悼式におきましても、そういう趣旨で、全戦没者の追悼を考えまして取り行なった次第でございます」と答弁した（資料【四一〇】）。しかし、逢澤寛議員が政府から〝もぎ取った〟言質のほうがいまだにそれよりも上の地位にあるかのようだ。

Q11 日本の野党政治家が中国に入れ知恵をしたのが問題の発端か？

【質問】 １９８５年に中曽根康弘首相の「靖国神社公式参拝」があったとき、事前にはさほど外国では騒がれていなかったのに、事後になって日本の野党政治家が訪中して中曽根批判をぶち上げたため、中国の政治家が「これは外交カードとして使える」と気づき、以後、それまで存在していなかった「靖国問題」が生じてしまったのだ、という説を聞きます。これをどう思いますか？

【回答】 それをわたしは「垂れ込み売国奴説」と名づけています。

わたし自身は、その、非難する側が言うところの「垂れ込み」事件が起こった当時のリアルタイムの記録を全部調べたわけではないので、その説の真偽につき、確答できる立場にありませんが、代わりに、その説のマスメディアによる最初の本格的な記述というべきサンケイ新聞[*20]１９８５年11月18日の第1面に載った署名入り論説をここにご紹介しておきましょう。

中国の内政干渉を許すな　「靖国」あくまでも国内問題

サンケイ新聞論説委員長　柴田　穂

終戦記念日の八月十五日に靖国神社への公式参拝に踏み切った中曽根首相は、十月十七日から十九日まで同神社でおこなわれた秋の例大祭への公式参拝については、ついにこれを見送った。政府首脳のコメントからみて、九月後半からの中国での学生デモと中国指導者の靖国問題への反発を考慮しての取り止めであることはいうまでもない。これは中国からの内政干渉があった事実を示すものであるとともに、日本政府が中国の内政干渉に屈したことを意味する。

こうした事実に、いま日本国民は非常に驚いている。あれほど日中友好を謳い上げ、日本からの経済・技術協力を熱烈歓迎するとのおびただしい中国側の発言に慣れっこになっていた日本国民は、突然、冷水を浴びせられた形である。そして改めて日中関係には、そうしたトラブルが起こり得ることを思い知らされたのである。

だが、なぜ中国側が、あのように靖国公式参拝に反発するのか、どうして中国で〝反中曽根デモ〟が起こったかについて、日本国民は、まだ理解、納得できないでいる。ほとんどの日本人にとって、靖国参拝は実に自然な感情であり、行為である。中曽根首相の公式参拝についても、読売新聞社の世論調査（九月二十一、二十二日）でもわかるように、過半数がそれを支持しており、反対は四分の一程度である。Ａ級戦犯の合祀についても、国民感情を考慮して、戦後三十年もたって、ようやく実現したほどである。中曽根首相が戦後四十年という節目に、公式参拝に踏み切ったことも、国民感情に反したものとは受け取っていない。

中国の歴史には、父と兄を楚の平王に殺された伍子胥《ごししょ》が復讐の念に燃え、楚に攻め入った時、平王の墓をあばき、死体に三百回も鞭を加え、辱めたという故事がある（史記）。一九六〇年代の文化大革命で、紅衛兵が歴史的な遺跡を打ち砕いたことはまだ記憶に新しい。日本では、死者に鞭を打たない――つまり罪を憎むが、人そのものを辱めないという自然な感情がある。

日本国内で、かりに靖国公式参拝が違憲かどうか、またA級戦犯の合祀は是か非かの論議がおこなわれたとしても、不思議ではない。しかし、それはあくまでも日本の国内問題であり、中国の干渉によって、中曽根首相の例大祭公式参拝が取り止めにされたのは理解に苦しむところである。日本政府が考慮を払ったと思われる中国側の反発は、決して、日中間のトラブル、つまり日本側が中国側にたいして、なんらかの打撃、損害あるいは危害を加えるといった事件が起こったからではなく、日本国内で起こった事情に中国側が反発し、干渉したという性格のものである。

中国側の反発の経緯を見ると、八月十四日の中国外務省スポークスマンの短い談話が最初のものだが、中国指導者の発言が活発に展開されたのは、八月三十日の社会党訪中団にたいする鄧小平氏の発言からである。これは八月二十七日におこなわれた第一回政治会談で、田辺書記長が姚依林副首相らにたいして「中曽根内閣は、経済大国から軍事大国をめざす危険な動きを強めている」と述べ、靖国公式参拝、防衛費の国民総生産（GNP）比一％枠撤廃に反対する決意を表明したことに対応したもので、社会党の〝日本軍国主義論〟に刺激されたという点は見逃せまい。

さらに中国側の反発が激化したのは、九月十八日の北京の学生による〝反中曽根〟デモである。この日は、満州事件《（ママ）》がぼっ発した一九三一年九月十八日の柳条湖事件を記念したものだが、五十四周年であり、とくに節目の年というわけではない。しかも、北京大学の一学生グループが、全国の主要大学に抗議行動を呼びかけたとか、十月十六日、四川省の成都市で、〝反日〟と無関係な公共施設の破壊、略奪などデモが暴徒化したといった情勢を総合すると、これが単純な〝反中曽根デモ〟とはいいがたい性格のものであったことがわかる。

注目されるのは、学生デモが起こった九月十八日は、中国共産党全国代表会議が開幕した日であったことだ。この変則的な代表会議の最大の特徴は、葉剣英、李徳生（瀋陽部隊司令官）ら鄧小平氏の経済近代化路線に抵抗する軍指導者の排除であった。人民解放軍は、文化大革命中、大学に軍事管制をしいていたこともあり、学生組織に影響力を持ち続けた。今回の学生デモの背後には、鄧小平体制に抵抗する〝文革派〟残党や、文革受益勢力の策動があったと考えられる。こうした中国国内の政治問題が背景にあって、反日キャンペーンがふくれ上がったものとしか思われない。

多くの日本国民は、かつて日本が中国を侵略し、中国人民に多大な危害を加えたことを知っており、その愚を二度と繰り返してはならないことを深く認識している。だが日中関係は国交正常化と日中平和友好条約締結を経由して全く新しい友好関係が成立していたはずである。一九七二年の国交正常化いらい本年度までの中国への経済協力は、技術協力をふくめて四千五百億円を超える大規模なものに達している。これは日本国民の税金によって賄われている。

もし、今回のように、中国の内政干渉に屈するならば、今後、日本国民の中国不信が強まり、友好関係を基礎にした経済、技術協力にも重大な影響が出てこよう。多くの日本人は、佐藤内閣時代、中国が〝日本軍国主義復活〟非難のすさまじいキャンペーンを展開したことをいまも鮮やかに記憶している。また中国指導者がつい五年前、「日本の防衛費はGNPの二%にしても経済に影響あるまい」といったばかりだ。

いま日本国民で、日本が〝軍国主義化の道〟を歩んでいると考えているものはほとんどいない。防衛費や靖国公式参拝を〝軍国主義〟に結びつけ、中国の内政干渉を招くような一部野党指導者の無責任な言動には、国民の厳しい批判が加えられるべきであろう。

ここには「『靖国』のことが、外交上の論議になること自体がおかしい」といった、その後、盛んになる主張（最初は「戸惑い」、後には「苛立ち」を経て「怒り」）の芽生えをはっきり見て取ることができます。しかしこの論説でさえ、「日本国内で、かりに靖国公式参拝が違憲かどうか、またA級戦犯の合祀は是か非かの論議がおこなわれたとしても、不思議ではない」として、国内問題としての靖国問題がそれ以前から存在してきたこと自体は認めています。

しかし、それは付言程度にとどめ、あとは、中国指導層内部の主導権争いの構図の分析へと話の中心を移しています。最終的には、中国でのその主導権争いの当事者の一方が自分らの立場を強めるための戦術として若者を煽っているにちがいないという推測へと話を収斂《しゅうれん》させ、また、社会党訪中団の中に外圧歓迎の売国的な勢力がいるという推測をも加えて、これら中日双方の水面下でうごめく二つの思惑が両々相まって、このたびのようなまことに憂慮すべき事態が招来されたのだといった結論となっています。

その後、幾度となく繰り返される「中国国内の権力闘争の分析」で「靖国問題」を「読み解く」と称するシンクタンク的発想、および日本の獅子身中の虫である「媚中派」が「靖国問題」を「作った」とする発想は、この段階で出揃っているという感じです。

その後翌年にかけて、中曽根首相が「できればもう一度、8月15日の公式参拝を実現したい」との願望にこだわり続けた結果、「日本の首相の公式参拝を妨げているのは中国の不当な外圧である」という批評――ひいては「靖国をもっぱら国際政治の力関係の図式から論じる」風潮――もまた、その1年のあいだに世に広まってゆくことになります。流れを強める動きの主力を担ったのはサンケイ新聞でした。

1986年4月16日のサンケイ新聞・オピニオン面に載った社説が、この問題を取り上げています。

遺憾な呉外相の「靖国」発言

日中外相定期協議のため来日中の呉学謙外相が、またもや「靖国問題」を持ち出した。安倍外相、中曽根首相との会談、日本記者クラブでの記者会見の三回にわたって、日本閣僚の靖国神社公式参拝について批判する見解を表明した。わたしたちは、中国がなぜこのように執拗に「靖国問題」を蒸し返すのか、まったく理解に苦しむものである。

中曽根首相との会談では、はっきり「靖国」といっていないといわれ、また記者会見では記者団の質問に答える形で触れたものだが、安倍外相との会談では、呉外相がみずから積極的にこの問題を持ち出している。

「靖国問題」については、昨年秋いらいの中国側の見解表明で、日本側はすでに十分承知していることである。これにたいする日本側の対応は、日本の国内問題であり、中国の主張にそのまま従うという性質のものではないはずである。

呉外相は、両国の国民感情を害しないことが重要だと強調しているが、中国の執拗な「靖国」批判発言は、日本の国民感情を傷つけていないとでも考えているのであろうか。わたしたちは、先に「靖国問題」は、日本の国内問題であり、これを非難するのは、中国の日本にたいする内政干渉であり、日本政府は中国の内政干渉を許してはならないと主張してきた。

今回の外相協議で、またもや呉外相が「靖国問題」を蒸し返したことは、やはり中国の内政干渉であり、そこには日本の国民感情を害していることを理解しない大国主義的姿勢が強く感じられるのである。

同時に、あまりに執拗に「靖国問題」を蒸し返すので、何か別の狙いがあり、その外交的駆け引きとして使っているのではないかという懸念すら与えるのである。

例えば、呉外相は今年から始まる第七次五カ年計画への日本の協力を要請しているが、「靖国問題」を日本の経済・技術協力促進のテコに使おうとしているのではないかという疑念である。

また呉外相は、今年、日本でおこなわれる蒋介石総統生誕百周年記念行事を中止するよう強く求めている。安倍外相は、この行事が民間の事業であり、日本では政府がこれをやめさせる制度になっていないという確固とした姿勢を示した。「靖国」発言が、「蒋総統行事」をやめさせるための圧力として使われてはいないかという疑念を生んでいる。

こうした外交的駆け引き、あるいは中国国内の鄧小平体制にたいする批判勢力への対応とからんで持ち出されているとすれば、日本国民にとって、迷惑千万な話である。

中国としては、戦争犠牲者を祀りたいという日本の国民感情を理解すべきであろう。そして中国側の見解を表明したあとは、それへの対応は、日本の国内問題として静観すべきであり、外交問題とからめて提起すべきではないだろう。まして中国の主張を日本政府に従わさせるといった強要はすべきではないと、わたしたちは考える。

今回の呉外相発言のように、執拗に「靖国問題」を蒸し返すと、先に挙げたような疑念を日本国民に与え、中国の大国主義的姿勢に不信感と反発を引き起こさせかねないのである。これは中国政府にとっても決して得策ではないであろう。日中の友好と協力関係の基礎には、相手側の政治、社会制度を認めるという原則が守られなければならないのである。

ここではすでに、首相の公式参拝に関しては日本国内で合憲か違憲かをめぐって意見の対立があるという事実は省略されています。そして「日本の国民感情」なる一語で、あたかも国内は中曽根参拝支持でまとまっているかのような単純化がなされています。戦没者の追悼そのものは大切だと思っても、それは個々人が靖国神社も含めてどこか自分の納得のいく場所で私的にやればよいと考える人や、国家的な追悼儀礼が必要だが靖国神社はその場所としてはふさわしくないと考える人もいるという多様な現実が、まったく視野の外に置かれています。

それから20年ほど経った２００５～6年ごろには、「靖国問題の本」だと銘打ちながら憲法問題にはひとことの言及もない本や、「媚中派の策謀」とからめてのみ憲法問題への言及があるような本が大量に売れる時代が来ますが、この社説の論調の中に、そういう時代を先取りする主張が現れていることに注意したいと思います。

なお、国会議事録には社会党議員がこの「垂れ込み売国奴説」に直接抗議した発言は記録されていませんが、同じ時期に訪中団を送った公明党からは、１９８５年10月30日の衆議院予算委員会で二見伸明議員が、中曽根首相自身が「垂れ込み売国奴説」めいたことを陰で言ったという噂を取り上げ、それが本当とすれば公党の名誉にかかわることだとして、真偽を質す質問を行なっています（資料【六二二】）。「公明党は中国へ行って、国内では中曽根さんと対決もし批判もするけれども、中国でもって自分の国の政府を売るような罵倒するようなことは、これっぽっちも言わない」と。中曽根首相はその噂について「私はそういうことを言った覚えはありません」と答え、さらに念を押されると「私はそういうことは言ったことはない、そういう覚えはないと今申し上げているので、国会で言っていることが一番正しいことです」と断言しました。

＊20　産経新聞は１９８５年当時は表題を片仮名にしていた。

Q12　靖国問題は日中両国間の信義の問題か？

【質問】靖国問題は、1972年の「日中共同声明」および1978年の「日中平和友好条約」で日本側が誓ったことを守るかどうかという信義の問題だと言う人がありますが、これをどう評価しますか？

【回答】確かにこれは、右翼的な人たちが「垂れ込み売国奴説」などを唱えて煽り立てる対中悪感情を克服するために、大切な視点です。

日本は日中国交正常化のとき、過ぐる大戦で中国に多大な損害を与えたことを真摯に反省し、二度とそのようなことを起こさぬことを誓っており、日中平和友好条約でもそのことを再確認しています。日本のその真摯な反省を前提としたうえで、中国は日本に対する賠償請求を放棄しました。

その裏にはひとつの特殊事情がからんでいます。

中華人民共和国が成立してまもない時期、台湾に逃れて一地方政権に成り下がった中華民国の蒋介石政権をアメリカが（東西冷戦の中での利害得失の観点から）依然として中国の正統政権とみなし、国連安全保障理事会の常任理事国の地位も保持させ続けていたため、日本はアメリカの言うままに、1952年4月に台湾の蔣介石政権とのあいだで日華平和条約を結ばされました。そして、とりあえず中国との戦争はそれで終わったことにしていました。もちろんこれはフィクションです。日中国交正常化の際には、このフィクションが障害となります。

日本は戦前や終戦直後の（中国を代表していた）中華民国と平和条約を結んだのではなく、中華人民共和国がすでに成立している時代にあえて残存政権のほうと条約を結んだのですから、その条約で残存政権が約束した事項を中華人民共和国が継承国家として守らなければならない義務はないのです。日本側も「お前の国は、前の政権がすでに賠償請求を放棄していたのだから、新政権も当然にしてそれを受け継がねばならない」と主張する権利はないのです。

しかし、前の政権がすでに賠償請求を放棄していたのを、新政権が20年後の1972年になってあらためて請求するのは、「新政権は前政権よりも寛大さに欠ける」ような印象を国際社会に与えかねず、言い出しにくい情勢でした。

そのために、中華人民共和国政府としては、苦渋の決断として、台湾の政権よりもさらに寛大なところを見せつけ、賠償は取らないことにしたのですが、これは中国としては本当はたいへんな痛みをともなう決断でした。その痛みを中国が負ってくれたことを、日本側は重々感謝し、理解する必要がありました。

中国としては、戦争で中国の民衆が多大な損害をこうむったのはもちろんであるけれども、日本の一般民衆もまた、まちがった指導者によって戦争に駆り出されて、多くの犠牲を払わされたのだから、被害者であり、その人たちにさらに賠償の負担を負わせるのは中国の本意ではない、という説明によって、自国民をようやく納得させました。

日本人のうちどういう範囲の者をその「まちがった指導者」とみなすかにつき、戦犯裁判で有罪となった者というのが、一応の目安となるわけです。少なくともA級に関しては。

これ以上の説明は、国会の議事録から直接引用して語ることにします。

「中曽根公式参拝」が物議を醸《かも》し、国会でも何度も取り上げられていた1985年から翌年にかけて、この話題になると俄然情熱を傾けて政府に質問を浴びせていた小林進議員（社会党）という人が目立ちます。

その経歴を見ると、1910年生まれで、大学卒業後民間の会社で働いていたが、戦争中に陸軍幹部候補生の教育を受け、主計大尉という地位で終戦を迎えたとあります。1949年に衆議院議員に初当選し、以来、11回当選を重ね、1986年夏の衆議院選挙には立候補せずに引退したとありますから、この中曽根公式参拝論議のときはベテラン中のベテランで、中曽根政権にぎゅうぎゅうお灸を据えて、政治家生活の有終の美を飾ったという感じです。その発言記録を読むと、なかなかの熱血漢だったようです。

中国を何度も訪れて現地の人のナマの声を聴いていたようで、「靖国神社参拝批判は中国のわが国に対する内政干渉だ」といった決めつけに対しては、中国の実情を知らない者がそんなことを言うんだと、大いに憤っていたようです。

その発言を議事録から抜粋してみましょう。

まず、1985年11月8日の衆議院外務委員会（資料【六二五】）。

これをいま少し掘り下げて、やはり日本もきちっと考えておかないと、問題をつねに将来に持っていくと私は思う。御承知のとおり中国は、日本に対してはこのたびの大戦では一番被害者だ。その被害国民が日本に対しては賠償は取りませんよ、無賠償。土地に対しては一寸の土地も取りませんよ、いわゆる無分割。無賠償、無分割という一番寛大な方法で日本に戦争の処理をしてくれた。いいですか。一部の軍国主義者のために被害を受けたのは中国の国民だけではない、皆さん方日本人も被害者でありますから、皆さん方にこれ以上苦痛を与えるような賠償は私どもは取りません、そして土地も領土も取りません、こういうことを言っている。

これはこの機会に外務省に要求しておきますけれども、こういう大きな戦争をしたこの歴史の中で、戦勝国が戦敗国に対して一銭の賠償金も領土も取らないような例が一体どこにあるか。私は、この資料をひとつ正確に外務省から後で届けてもらいたいと思うが、これは委員長、よろしゅうございますね。この資料ひとつお願いしますよ。よろしゅうございますね。

このたびの第二次世界大戦だってそのとおりだ。アメリカは朝鮮戦争の関係で、日本の沖縄を貸してくれという名目で活用し利用している。日本を基地にして戦争している。ソ連なんか、日本が戦争する〔「降伏する」の言い間違え——引用者注〕一週間前にちゃかちゃかと入ってきて、そして北方領土を取り上げた。あるいは旧満州における日本人六十万も取り上げてシベリア開発に使ったり、火事場泥棒より悪いことをしている状態だ。そういうような中で、この中国だけがこういう寛大な措置をしたときに、実は中国の国民は随分反対したのですよ。我々はこれほど痛い思いをしたのだから、我々の苦痛に相当するような賠償金を取らなくちゃならぬというのが中国国民の当時の声だった。私はよく聞いている。けれども、それは毛沢東、周恩来等首脳部が、過去のことは忘れよう、将来を友好にいくためにはそういう恨みを残すことをやめようと言って彼らを抑えて取らなかった。これが中国人の今でも残っている感情の一つです。

つぎに、1985年11月27日の衆議院外務委員会（資料【六二八】）。

A級戦犯と一千余名のいわゆるB級、C級、D《（ママ）》級等の処刑せられた人たちとは、私自身は区別をしてあげたいと思うわけです。捕虜収容などといって、大したこともしないで気の毒にも戦犯にかけられて命をとられた人たちもいる。情においては忍びないけれども、私自身も捕虜収容所の主計大尉をやっていたから、捕虜収容所の虐殺をやったのではないかといって、いま少しで首をちょん切られるような際どい経験があるから、なおさら惻隠の情やまないものがあるけれども、被害を受けた相手国の首脳部が、かくのごとく怒りを持って論じているこの問題に対してどう答えようとするのか。

〔中略〕

問題の発生は、第一には周・田中会談から始まっている。あれは一九七二年の九月二十五日です。この第一回会談の後、人民大会堂で開かれた周恩来首相主催の夕食会で、初めて田中総理が日本の立場を表明した。そのときに、田中角栄首相の公式のあいさつの中で、「この間、わが国が中国国民に多大のご迷惑をおかけしたことについて、私は改めて深い反省の念を表明するものであります。」これが公式の日本の中国に対するおわびの言葉だった。あなたは、今度十月十日にも中国へ行かれてこの言葉をよく利用されて、日本は深く反省しています、反省していますと言われて、これで十分だと思っているだろうけれども、これは間違いなんです。

この田中発言に対して、当時の中国がどんなに沸いたかわかりますか。これを言うと同時に、何千名もいたその会場、あの広い会場が一瞬にして激しくざわめいたんだ。わあっとざわめいた。それは、中国人の不満がその会場の中でうっせきしたのが爆発したのですよ。当時の中国国民は、田中総理のあいさつを通じて、これほど中国にひどい侵略をしたんだから、もっと丁寧懇切な心からなるおわびの言葉があると思ったら、深く反省いたしますという言葉で終わっちゃった。そういうことで、翌朝の新聞初めすべての報道機関は、一斉にこれを非難したんだ。何だ、田中総理のあの言葉は。あれは何だ。当時のその言葉がありますよ。記録もありますよ。あれはちょうど婦人の服に水をはねて、いや失敬、こういった言葉の謝り方じゃないか。これは、私はそのときに初めて聞いた言葉だ。中国の原語もありますよ。人のスカートに水をはねて、いや失敬という程度の軽いあいさつにすぎない。こんなことで、二千万人も虐殺せられ、一億国民の家屋、住みかを焼き払われたこの大きな被害に対して、中国国民として了承できますかということで、非常にあのときには燃えたんだ。

そこで、翌日の周恩来総理との会見のときにおいても、会談に入る前に、この世論の圧力に周恩来総理もどうもたまりかねて、田中さんに、きのうのあのあなたのあいさつに対してはどうも了承できない、いま少し善処をしてもらわなければならない、こう言ったことに対して田中首相は、いや深く反省の意思を表明するというのは、日本では最も深くおわびをしてお許しを請うという言葉の表現でございますから、どうかそのようにひとつ御理解をいただきたい、こういうことで田中一流の弁舌でごまかした。けれども、そのときは対アメリカ関係、対ソ連関係があって、これ以上追及するのはというので周恩来総理が、ではそういうことでひとつおさめることにいたしましょうと言って大局から手をとった。けれども、これに対しては中国だけじゃありません、日本の国内においても、あの田中総理のおわびの言葉は何だ、あれはちっともおわびになっていないじゃないか、しかも、無賠償、無分割の原則も与えて、これくらい日本にも情けをかけてくれた中国に対するあんなあいさつはあったものじゃないということで、大変非難の声が起きた。

これを安倍さん御存じですか。あなた、さっきからあくびしているようだけれども、この事実を知っておりますか。これが今でも延々として、中国国民の中に燃えているのです。事があるとこれは出てくるのです。だから、こういうことまでもちゃんと深く掘り下げて、問題の処理に任じてもらわなければならない。御存じかどうか、ちょっと聞いておきます。今、中国における国民、学生が抗日運動に立ち上がっているその根底には、この問題も心底にあるんだということをあなたが理解しているかどうかを聞いているのです。

〔中略〕

昭和二十七年ですか、いわゆる日華平和条約というものを台湾政府と結んだときには、なるほど日本に対して無賠償、無分割の原則をしてくれた。けれども、そのときはもう蒋介石さんは台湾なんだ。無賠償であろうと、賠償を取るぞ、よこせと言ったところで、中国本土を支配していないのだ。中国本土を支配し北京政府を構成しているものは毛沢東主席であり周恩来総理。この中国十億の民を支配している指導者が七二年に日本と国交も回復したのだ。そして昭和五十三年には、福田内閣を通じて日中平和友好条約というものを結ばれた。そこで正式に、日本には一銭の賠償も取りませんよ、あるいは一つの領土も取りません、日本にこの寛大なる処置をしてくれたものは、蒋介石さんの方は言葉だけなんです。これを実行して、事実日本に寛大なる処置を与えてくれたものは毛沢東主席じゃないですか、周恩来総理じゃないですか。

熱血漢小林議員の面目躍如という感じで、いやしくも自国にかかわる近現代史を真面目に学びたい日本人なら、必ず知っておかねばならない知識です。

そもそも日中関係の近現代史を見るとき、日本人はテーマが目に近すぎるためにかえって視野の広さが得られなくて、「1番目に日清戦争、2番目に中国を戦場として戦われた日露戦争、3番目に第1次大戦を奇貨として日本が中国に突きつけた対華21か条要求、4番目に満州事変、5番目に日中戦争、そして6番目に太平洋戦争」というふうに、こまごまと切り分けて描きますが、欧米の世界史図鑑を見ると、1894年から5年にかけて第1次中日戦争があり、1931年から45年にかけて第2次中日戦争があったと書いてあります。さらにまとめて言えば、1894年から

1945年まで日中五十年戦争があったと括ることもできるでしょう。このことは、ほかならぬ靖国参拝で波風を立てた中曽根康弘その人が認めていたことで、彼が1986年8月に中国の胡耀邦共産党総書記に送った私的書簡には「日中関係には二千年を越える平和友好の歴史と五十年の不幸な戦争の歴史とがありますが、とりわけ戦前の五十年の不幸な歴史が両国の国民感情に与えた深い傷痕と不信感を除去していくためには、歴史の教訓に深く学びつつ、寛容と互譲の精神に基づいて、日中双方の政治家たちが、相互信頼の絆により、粘り強い共同の努力を行う必要があります」とあります（『中曽根内閣史資料編（続）』248頁）。

ただしこうした外交史、外交政策の問題は、もともとあった靖国問題という問題（そこには憲法20条を厳格に守るか否かという対立軸がはっきりと存在していた）に、あとから割り込んできたもうひとつの軸です。

どちらも「先の大戦の反省」をめぐる意見の対立軸で、平面幾何学にたとえて言えば、X軸とY軸です。どちらの軸にも「戦争を反省する」側であるプラスと、「反省をなおざりにする」側であるマイナスとがあります。そして、両者は「戦争の反省」に関連しているかぎりでは、共通の性格をもっているものの、平行して走ってはいません。

戦争の反省を全体として考えたときには、X座標も正、Y座標も正という立ち位置をしっかり守ることが重要なのですが、1985年にY軸が新たに入ってきた結果、それに気をとられて、Y座標が正なのか負なのかだけが靖国問題をめぐる立場の分かれ目であるかのように思う人が増え、それを議論の深化だと勘違いしているのかと疑われるような意見が目立つようになりました。「自分は戦争をしっかり反省している」と思っている人が選んだ立ち位置が「Y座標は正だが、X座標は負」といった立ち位置になっていて、しかも本人はちっともそれに気づかない、といった現象も起こるようになりました。

これについては第2部で詳しく説明することにします。

Q13 ビッテル神父が靖国神社を救ったのか？

【質問】戦後まもなくマッカーサーが靖国神社を焼き討ちにしようとしたとき、諌《いさ》めてそれをやめさせ、靖国神社を救ったのはカトリックのビッテル神父だと読んだことがあります。これは正しいですか？

【回答】本やウェブサイトを通じて近年では広く流布されているこの話（渡部62〜63頁ほか多数）をわたしは「ビッテル神父伝説」と名づけています。[*21] 一部分だけ本当です。

ドイツ出身のブルーノ・ビッテル神父（ビッターと表記されていることもある）という人が実在し、イエズス会宣教師として来日し、東京四谷の上智大学で働いていたことは本当です。終戦前後、駐日法王使節パオロ・マレラ大司教から委任を受けて駐日法王使節代理の地位に就いていたと言われています（「法王」は当時の呼び方で、現在は「教皇」）。

彼がマッカーサーの諮問に応じて靖国神社に関する答申書を提出した件については、本人の口述をもとにまとめられた『マッカーサーの涙――ブルノー・ビッテル神父にきく』（１９７３年）と、彼と行動をともにしていた志村辰弥という日本人神父の著書『教会秘話――太平洋戦争をめぐって』（初版１９７１年）に並行的な記述があります。ただし、答申書の現物は発見されていません。学術書でこの「伝説」に言及しているものとしては岡﨑匡史『日本占領と宗教改革』（２０１２年）がありますが、そこでの言及はただ『マッカーサーの涙』の記述を写しているだけで（同書１７９頁）、内容の信憑性について特に吟味はされていません。

答申書提出の時期については、『教会秘話』では１９４５年11月となっているのにひきかえ、『マッカーサーの涙』では10月中旬となっています。

『マッカーサーの涙』の第５章「靖国神社の焼き打ちを救う」は、つぎのように始まっています（同書99～１００頁）。

一九四五年十月中旬のある日のこと、マ元帥の副官H・B・ウイラー大佐は、いつになくあわてふためいて、元帥の執務室をとび出し、自室にもどると、席にもつかないで、卓上の電話器にとびついた。

「もしもし、ビッター神父ですか、ウイラーです。急な要件《（ママ）》ができました。まもなくそちらに使者が到着するはずです。マ元帥の覚え書（メモランダム）を持たせました。急ぐので要点だけ申しますが、マ元帥は書面による回答を明日午前十時までにほしいといっています」

まもなくその使者は大島館（当時ビッテル神父が住んでいた上智大学構内の建物――引用者注）に着い

た。

マ元帥の覚え書を受け取ると、神父は校内教授館にいるバーン神父をよんだ。

覚え書の内容はほぼ次のようなものであった。

我が司令部の将校たちは靖国神社の焼却を主張している。同神社焼却に、キリスト教会は賛成か、反対か、すみやかに貴使節団の統一見解を提出されたい――。


ここに名の挙がっているバーン神父とは、アメリカ出身のメリノール会宣教師パトリック・バーン司教のことで、戦争中も日本に踏みとどまっていた数少ないアメリカ人の一人。終戦まで京都で幽閉生活を送り、終戦直後に上京し、日本上陸を前にした連合国軍兵士に向けたラジオ放送を引き受けるなど、日米両国間の貴重な橋渡し役を買って出ました（マリンズ98頁）。

「ビッテル神父伝説」の孫引きバージョンの中には、マッカーサーは靖国神社を焼却して跡地にドッグレース場を作る構想をいだいていたなどと、尾鰭のついたものもありますが、伝説の原典である右の二つの本にはそんな記述はありません。

そして『マッカーサーの涙』の第15章は、長い中間の記述のあとに、ビッテルはバーンおよびその他数名の神父と意見を交わした後、以下のような答申書を書き、約束どおり翌日の午前十時までにそれをウイラーに渡したと伝えています（118～119頁）[*22]。


自然の法に基づいて考えると、いかなる国家も、その国家のために死んだ人びとに対して、敬意をはらう権利と義務があるといえる。それは戦勝国か敗戦国かを問わず、平等の真理でなければならない。無名戦士の墓を想起すれば、以上のことは自然に理解できるはずである。

もし靖国神社を焼き払ったとすれば、その行為は米軍の歴史にとって不名誉きわまる汚点となって残ることであろう。歴史はそのような行為を理解しないにちがいない。はっきりいって、靖国神社の焼却、廃止は米軍の占領政策と相容れない犯罪行為である。

靖国神社が国家神道の中枢で、誤った国家主義の根元であるというなら、排すべきは国家神道という制度であり、靖国神社ではない。我々は、信仰の自由が完全に認められ、神道、仏教、キリスト教、ユダヤ教など、いかなる宗教を信仰するものであろうと、国家のために死んだものは、すべて靖国神社にその霊をまつられるようにすることを、進言するものである。

「伝説」では、この答申書を読んだマッカーサーがすぐに納得して、「それでは靖国神社は残すことにしよう」と決断し、鶴の一声を発したがゆえに、靖国神社は今の姿のように残ったのである、ということになっています。そして、今日の日本のカトリック教徒の中の政治的に保守である人たちは、「靖国神社の今ある姿にはバチカンのお墨付きが出ている」、「カトリック教徒こそは率先してそこに参拝すべきである」というようなことを主張しています（麻生太郎・渡部昇一「自主独立を守り抜く日本：靖国神社の存在をカトリックは一貫して認めている」『Ｖｏｉｃｅ』２００６年８月号１０６～１１５頁）。

しかし、ほかの史料を駆使して解明されている靖国神社戦後改革史と照らし合わせたとき、その答申書が生かされた結果が現在の靖国神社の姿である、というのは疑問があります。

まず、その時代の多くの史料によれば、日本における国家と神道との関係がはらむ問題点を洗い出し、その改革の方向づけをするGHQ内の作業は、同年10月10日過ぎに始まったばかりであり、10月中旬の段階では、結論を出すにはほど遠い状態でした。

その作業は12月前半までの時間を費やしたあげく、12月15日に「神道指令（国家神道、神社神道ニ対スル政府ノ保証、支援、保全、監督並ニ弘布ノ禁止ニ関スル件）」の発令として一応の中締めを迎えますが、その具体的作業はGHQの下部組織であるCIE（民間情報教育局）で進められ、中心人物はウィリアム・K・バンスという人でした。バンスと日本側の仲介役を果たしていたのは、英語に堪能だった東京帝国大学助教授で宗教学者の岸本英夫という人でした。

もしビッテルへのマッカーサーの諮問が、神道指令へ向けての準備作業の重要な一環としてのものだったなら、そこにバンスや岸本の名がまったく出てこないのが不思議です。

そこで『マッカーサーの涙』第15章に立ち返って、冒頭の、ウイラーの使者がマッカーサーの覚え書きを大島館に届けてきたという記述の少しあとを追うと、つぎのパラグラフが目に入ります。

一方、靖国神社の招魂祭は、大日本帝国最後の慰霊式典として十一月二十日に行われる予定だという。それには当然天皇陛下ほか各皇族の方々が出席するにちがいない。

そこに書いてある11月20日開催予定の靖国神社の招魂祭とは、他の史料と突き合わせてみると、陸海軍の廃止を前にして、それまでのような合祀祭をやっていたのでは、今次大戦の戦死者をすべて靖国神社に祀り込むことは不可能だから、この際、氏名不詳のままでよいから、従来の合祀祭の前半部分にあたる招魂の式だけは、9月2日までの全戦死者について済んだことにしようという趣旨で企画された前例のない祭典のことです。

1945年10月29日付で、陸軍大臣と海軍大臣の連名で、宮内大臣宛に「靖国神社臨時大招魂祭挙行の件照会」という文書が発せられており（資料【一一七】）、11月19日に招魂式を執行し、20日と21日を祭典の第1日と第2日として、臨時大招魂祭と銘打った祭典を挙行する件につき、勅裁を仰いでほしい旨が書かれています。文書の末尾には「追って右祭祀者の個々の祭神名は今後慎重調査の上、例大祭に際し逐次本殿に合祀致すべし」「なお、招魂祭執行に関し聯合国側とは念の為諒解済みにつき、申し添え候」となっています。それに対する宮内省の回答が11月12日付で陸軍大臣・海軍大臣宛で出されており（資料【一一八】）、照会のあった件につき「聴許あらせられ候」となっています。

つまり、陸海軍は、戦死者を靖国神社に祀る儀式としては前例のない「合祀の前半の招魂部分だけの儀式」というものを挙行するにあたり、占領下であるから、占領軍の了解も得なければならないと考えて、企画が始まってから10月29日までのいつかの時点で、GHQに対して「このような儀式を行ないますが、連合軍としてもご了解いただけますか？」という問い合わせを出し、「差し支えない」という回答を得ていたことがわかります。

GHQにその問い合わせの文書が来たとき、GHQ内部では「そのような儀式をやらせておいてよいか?」、「その儀式の場である靖国神社自体が、日本軍国主義の象徴であって、今や廃止されるべき存在ではないか?」、「弔いの儀式というだけなら、どんな国にでもあることで、敗戦国にだってあってよい」など、さまざまな意見が出ただろうと推測されます。

こうして、バンスらによる国家神道全体に対する今後の処遇の検討作業とは別に、喫緊の課題として、この臨時大招魂祭への了解の可否という課題が生じたのではないかと思われます。

今日、英語圏の靖国問題研究者として著名なマーク・R・マリンズは、ビッテルが答申書の中で靖国神社を諸外国の無名戦士の墓のようなものととらえ、その存続を訴えたのは、ビッテルの所属していた上智大学自身が経験した過去の事件の教訓と関係していると推測しています(マリンズ95頁)。

かつて1932年、「上智大学に配属されていた配属将校が学生を引率して靖国神社へ行かせたところ、学生のうちカトリック信者である者が参拝を拒否した」との理由で、陸軍が上智大学に難癖をつけたことがあります(上智大学生靖国神社参拝拒否事件)。その解決策として、上智大学を宗教上監督する立場にある東京大司教は、文部省から「神社で学生が求められる敬礼は、愛国心と忠誠とを表わすものにほかならない(宗教的意義を有しない)」との保証をとりつけたうえで、信者学生の神社参拝を許可しました(西山俊彦『カトリック教会の戦争責任』25~55頁)。

この妥協策は1936年にバチカンからも布教聖省訓令「祖国に対する信者のつとめ」という文書(『歴史から何を学ぶか』125~135頁)によって追認され、以後、日本のカトリック教会は神社を国民道徳的施設とみなすことにしてきました(マリンズ96頁)。

ビッテル神父はその立場を踏襲し、靖国神社は故人を人間を超えた存在へと祀り上げて宗教的な礼拝を強要するような場ではないとの解釈のもとで、生前どんな宗教の信者であった者もそこに祀られてよいと考え、また、訪れる人はそこをたんに故人を記念する場だと受け止めて、宗教上のこだわりなく敬礼すればよい、という程度に考えたうえで、その存続を勧告したのではないかと思われます（マリンズ109頁）。

その場合、いくら国民道徳的施設だと言ってみても靖国神社が現に神道の宗教施設の性格をもつがゆえに面倒な問題が起こってきたことにかんがみ、この際いっそのこと、すっきりと非宗教的な戦没者記念堂のようなものに変えたらどうか、ということも付言したのかもしれません。

２００５年にオレゴン大学で発見された「ウッダード資料」の中に、１９４５年11月30日の日付の入ったＣＩＥの左の文書があります（マリンズ１０２頁）。

カトリックの立場は次の四点に要約される。

Ⅰ　靖国神社は、戦死者のための国立の記念施設とする。

Ⅱ　それは国の所有物とし、政府が管理する。

Ⅲ　年ごとの祭典は「無宗派」で行なうか、一切開催しないかのいずれかとする。

Ⅳ　いかなる種類の宗教的式典も許されるが、それらのいずれも強制されてはならない。

また、志村辰弥『教会秘話』の「靖国神社の運命」の章の最後には、明らかに記憶違いによる、以下の記述があります（205〜206頁）。「数日の後、司令部から発表された指令によると『靖国神社は、戦没者の英霊を、宗教のいかんを問わず、平等に祀っている。それゆえ、これを日本国民の民族的尊敬のモヌメントとして認め、存続することを許す。ただし、今後は、国がこれを管理し、いずれの宗教においても、そこで個有《（ママ）》の宗教儀式を行うことができ、それらの費用はすべて国が支弁すべきである。』」（実際はこんな指令は存在しない）

ビッテルは1972年に、「マッカーサーは靖国が非宗派的な施設となり、神道、仏教、キリスト教等どんな宗教のメンバーであっても、国のために命を捧げた者への追悼行事をそこで行なう権利があるようなものとなることを望んだ」と、ある書評文[*23]の中で書いています（マリンズ100頁）。

これらから推測されるのは、ビッテル神父らは靖国神社がこの際、上智大学事件のときにカトリック教会が受け容れた意味づけを今こそ明瞭に体現した施設となることを期待し、それを前提として存続を進言したのではないかということです。そして、マッカーサーもそれに賛意を表したので、「自分たちの意見＝マッカーサーの意見」と記憶したのではないか、ということです。

ところが結果的には、GHQと日本側関係者のあいだの、部外者にはわかりにくい駆け引きを経て、この軌道とは別の方向に事態が進展し、靖国神社はあくまで神道という一宗教の施設なのだということが強調される方向へと、舞台が回ります（これについては第2部第1章で詳述）。

もしもビッテル神父が答申書提出以後も事態の推移を見守り、GHQから経過報告を受けるような立場にあったら、「あれっ、おかしいぞ」と気づく機会があったでしょう。しかしその形跡が見られないということは、そのときのカトリック宣教師たちは敗戦を機に開けたキリスト教布教の新しい機会のほうに心を奪われていて（マリンズ104頁）、靖国神社改革が自分らの思う方向へ進みつつあるか否かなどに、さほど関心がなかったことを示しているようです。

また、GHQではビッテル神父に一度緊急の諮問をしたものの、とりあえず臨時大招魂祭の件は容認することにして事態が動いたため、それ以後、この問題に関してビッテル神父を顧問のように扱う必要もなくなり、いちいち経過を知らせることもなかったのでしょう。

以下、途中を省略して、決定的な話だけ書いておきますが、もしビッテル神父の勧告に従ってマッカーサーが鶴の一声で靖国神社の存続を1945年秋の段階で決めたのだとすると、それとまったく矛盾する話が1年後に起こっています。

靖国神社が戦没者記念堂のようなものにはならず、あくまで神道の宗教性を保った神社として再出発したのは1946年2月2日のことですが、その年の11月、それまで明治維新以来のいきさつによって国有地に組み込まれていた全国の社寺の境内地を、国が早急に社寺に無償譲渡して、名実ともに社寺の所有地にするための法案が準備されました。新憲法施行後だと、そういう無償譲渡は国が宗教団体を財産権上優遇していることになって、憲法と矛盾するからです。そこへGHQが横槍を入れて、一般の社寺についてはそれでよいが、軍国的神社（靖国神社と、その地方版である全国の護国神社や招魂社）にはその法律は適用するなと言い渡したのです（中村214頁）。

GHQは靖国神社や護国神社を兵糧攻めにして、自滅へと追い込もうとしているのかと、関係者は危機感に包まれました（中村221頁）。日本の宗教行政の中心だった文部省宗務課長の福田繁が1946年11月9日と21日にCIEのバンスを訪れて会談したとき、バンスは靖国神社の今後のありようは未決定であるとの立場をとり、両日のうちどちらかの日につぎのように言ったと記録されています（『神道指令と戦後の神道』293頁、原典は大蔵省管財局『社寺境内地処分誌』）。

靖国神社の問題はまだ結論に達していないが、存立するには二つの方法が考えられないか。一つは神道の宗派的なものから離れて、戦死者の記念堂の如きものとして、誰でも礼拝できる形とする方法である。他は慰霊のみを目的とする神社とすることである。然しこの場合はなかなか困難と思う。

又一番好ましくないのは、神社の経営ができないので、遺族間をかけ廻って資金を集め、慰霊のためと称して遺族に負担をかけるようなことを種々画策していることである。

つまり、ビッテル神父の勧告があったという時期から1年も経ったあとで、GHQの宗教政策担当者は、あらためて靖国神社のヌエ的性格（公的存在なのか、純粋に宗教施設なのか？）に手を焼いて、現状のままでは存続を認めがたい、と言いたげな態度を示していたのです。

「ビッテル神父伝説」が言う「マッカーサー鶴の一声」がもしあったのなら、下僚がそれに逆らえるはずはないですから、「鶴の一声」などなかったというのが史実でしょう。

＊21　早い時期のこの伝説の紹介としては木山正義「靖國神社とブルノー・ビッテル神父」靖国神社社報『靖國』1981年7月号所収、がある。

＊22　この「翌日の午前十時までに」という記述からわかるように、ビッテルとバーンにはこの問題をバチカンまで問い合わせて指示を仰ぐ時間的余裕はなかったと思われる。一部の伝説紹介者は、当の答申書提出の話を、ビッテル神父が駐日法王使節代理の地位に就いていたという情報と組み合わせることで、「バチカンがマッカーサーに対して物申した」かのように伝えているが、これは誇大宣伝である。

＊23　ウィリアム・P・ウッダード著／阿部美哉《よしや》訳『天皇と神道――GHQの宗教政策』の原書に対する書評。

Q14 マッカーサーは太平洋戦争を日本の自衛戦争だったと言ったか？

【質問】マッカーサーが任を解かれてアメリカに帰った直後、アメリカ議会で日本が太平洋戦争を始めたのは自衛のためだったと証言したという話があります。これは本当ですか？

【回答】この「マッカーサー自衛戦争証言説」は、今日、大東亜戦争肯定論を支持する人たちが、その裏づけとして好んで持ち出す定番の説です。

1951年5月3日のアメリカ上院軍事・外交合同委員会聴聞会でのマッカーサーの発言から、前後の文脈を無視して自分たちに都合のいい部分だけを抜き出し、もっともらしく見せかけているものです。資料の原文はオンラインで閲覧可能なMILITARY SITUATION IN THE FAR EASTという資料集[*24]の61~62頁にありますが、そこでのマッカーサー発言は、朝鮮戦争での対中戦略との関係で語られたものであることに注意が必要です。

朝鮮戦争は1950年6月に始まった戦争ですが、最初は、準備万端整えて戦端を開いた北朝鮮軍が有利で、短期間に韓国軍を南に追い詰めて、あわや半島全体が占領されるかと思われるほど韓国側不利の戦況となりました。これに対してアメリカが、国連の安全保障理事会の決議をうまく使って、国連軍の名で介入します。

当時は第2次大戦後の日本占領が続いていた時代ですから、日本に進駐していたアメリカ軍が真っ先に出動し、ほかならぬマッカーサー自身が指揮をとることになります。

そして戦局が逆転して韓国側が有利になり、北朝鮮軍が中国との国境近くまで追い詰められると、今度は建国まもない中華人民共和国が参戦し、「韓国＋アメリカ」対「北朝鮮＋中国」という戦争へと発展します。

そして一進一退の攻防が続く中で、マッカーサーは強硬論に傾き、米中全面戦争も辞さずという強気の姿勢でトルーマン大統領の不興を買い、解任されます。連合国軍最高司令官の地位そのものを失ったので、1951年4月16日に日本を退去して母国へ帰りました。そして帰国後まもなく上院に呼ばれ、主として朝鮮戦争での対中戦略について、質問に答えて持論を展開したのです。それと関連するかぎりで、6年前の、日本を屈服させたときの成功体験の話も引き合いに出したのです。対日戦勝利に関する発言部分は以下のとおりです（なお、訳文中、security という単語だけは日本語に直さず、原語のままにしておきます）。

【第2次世界大戦における対日戦略】

○**ヒッケンルーパー上院議員**（質問5）　中共を海空から封鎖するご提案は、太平洋戦争においてアメリカが日本に勝利したときの戦略と同じではないですか？

○**マッカーサー将軍**　はいそうです。太平洋戦争において我々は彼らの拠点をバイパスして、包囲したのです。

日本は800万に近いおびただしい人口があり、それが四つの島に密集していました。約半数が農業人口で、あとの半数が工業に就いていました。

潜在的には日本の労働力は、質量ともに、私が知る中で最良のものです。彼らは、人は怠けているときよりも、労働し建設しているときのほうが幸福であることを、いわば労働の尊厳とでもいうものを、いつのころにか発見したのです。

労働への巨大な能力があることは、仕事を必要とすることを意味していました。彼らは工場を作り、労働力を擁していたけれど、原料がありませんでした。

日本では蚕を除けば事実上国産のものはありません。綿花もないし、羊毛もない、石油製品もないし、錫もない、ゴムもない。その他多くのものが不足しており、それらすべてはアジア海域にあったのです。

彼らは、それらの供給が途絶えれば1000万も2000万もの失業者が出るであろうことを恐れていたのです。それゆえ、彼らが戦争に打って出た目的は、大部分がセキュリティーの必要に駆られてのものでした。

彼らは工業原材料を供給してくれる国々、マラヤやインドネシアやフィリピンのような国々を、周到な準備と奇襲によって占領し、それらすべての供給基地を確保しました。彼らの全般的な戦略は、外郭の要衝である太平洋の諸島を押さえることで、我々が奪還を試みれば多大な犠牲を強いられるから反撃をためらうという状態に持ち込むこと、そしてついには、占領地からの資源を彼らが意のままにするのを許すような協定に持ち込むことでした。

それに対抗するために、我々はまったく新しい戦略を開発しました。彼らが押さえている要衝は避けて、迂回することでした。

我々は彼らの背後にまわり、忍び足でそっと、そっと近づき、彼らの征服地から日本へと至る交通路を脅かし続けました。

我々がフィリピンと沖縄を制圧したとき、我々は海上封鎖が可能となり、武装兵力の維持にとって欠かせない物資が日本に届かなくなりました。

封じ込めが完成したとき、日本の敗北は確定しました。

最終的に日本が降伏したとき、彼らには私がかつて知ったうちで最も精強な陸軍兵力が少なくとも300万はありましたが、彼らは戦うための物資がなく、我々が攻撃しようとしている重要拠点に兵力を集めることもできなくて、矛を収めました。もはや我々の前に敵はありませんでした。結果として、精鋭を誇っていた彼らの軍隊も、降伏するほかありませんでした。

日本の全兵力のうち太平洋地域に展開していたのは、戦争中を通じて3分の1を超えませんでしたが、我々がその連絡路を封じ、彼らの経済システム全体を破壊したとき、兵力を戦力として保つために必要な物資を送り込むことができず、彼らは降伏したのです。

この文中の「セキュリティー」を「安全保障」と訳し、「日米安全保障条約」という条約名に使われているのと同じ「安全保障」だから、要するに軍事力による防衛のことだ、つまり「自衛」だ、と主張しているのが、「マッカーサー自衛戦争証言説」です。

しかし、security にはいろんな訳語があり、例えば国内の「治安」の意味もあり、マッカーサーがここで言いたがっていたのは、「当時の日本の権力者は、失業者増大で社会不安が極限に達し、暴動が起こり、社会秩序が保てないような事態を恐れていた」という意味にとってもよいでしょう。もちろんそれは、マッカーサーがそう主張したというだけで、対米開戦前夜の日本の歴史記述として当を得ているかどうかは別問題です。が、そんな意味らしいということは、そのあとの、朝鮮戦争での対中戦略の話（こちらが本題）を読んでみると、わかります。

【第2次世界大戦における日本の状況と今日の中国の状況との類似性】

さて、中国との問題も全く同様です。ただし中国は、日本帝国が持っていたような資源は何も持っていないですが。

彼らを封鎖することは、よりたやすいでしょう。沿岸の封鎖は、国連加盟諸国全部が参加すれば簡単な問題でしょう。

中国が後方支援を得る道として、ほかにありうる唯一の道はソビエトからです。午前中にご説明したように、ロシアの大規模工業の中心地は、ヨーロッパ・ロシアにありますが、そこからの鉄道は、現有の駐屯部隊を維持するだけでめいっぱいまで稼働しており、新たな遠征軍を送り込むには交通量の増大が必要です。それは、負担が大きすぎます。

彼らが中共に与えうるものには、はっきりした限界があります。私の見るところでは、中共が満足な空軍も海軍も起ち上げられない理由はここにあります。中共は自前でそれらを造れないしソビエトは与えてやれないのです。

そういう理由で、私はプロの意見として、世間がこれまで中共の近代戦遂行能力について言ってきたことは、とてつもない誇張だと思うのです。そして、我々が圧力をかければ、封鎖で圧力をかけ、空軍の破壊力と、その配備システムで圧力をかければ、中共はほどなく屈服すると、私は思うのです。

中国それ自身が、現在の民間の人口を養うだけでも大きな困難をかかえているということは、まちがいありません。毎年500万から1000万の人が飢餓や栄養不足で死んでいるはずです。それは貧困の経済であって、ちょっとでも経済活動が中断されると、人口の大きな部分を無秩序と不満の中に陥れることになり、国内の緊張が戦争の引き金となるのです。

マッカーサーはこのときの中国について、貧しい国だから経済封鎖されれば窮鼠猫を噛むような暴発をするかもしれないとの観測を語っていますが、だから中国は正当だとか、もし暴発した場合それは「自衛戦争」だとかは、少しも言っていません。

ただ職業軍人らしい冷徹さで、こうすれば相手は屈服すると言っているだけです。

そもそものときのマッカーサーは、トルーマンには疎まれたとしても、第2次世界大戦の太平洋戦線で祖国を勝利へと導いた英雄として、依然として国民的人気を保っていました。ヨーロッパ戦線でのアイゼンハワーがそうだったように、ひとつ政治家に転身して、大統領選に出てやろうかとの野心も持っていたと言われています。

そういう人物が、自分の最大の功績として世の中から讃えられている事項について、自分の名声に傷をつけるようなことは言うはずがないということは、常識でわかります。

＊24 https://li.proquest.com/elhpdf/histcontext/HRG-1951-SAS-0006.pdf

なお、国立国会図書館憲政資料室に同じ議事録のタイプ印刷版を全8巻のマイクロフィルムに収めた「極東の軍事情勢とマッカーサーの解任」という表題の資料が収蔵されており、問題の部分は第1巻の141～145頁に見いだされる。

Q15 中国政府の抗議はウェストファリア条約の精神を踏みにじったものか?

【質問】近代国際法の起源と言われる１６４８年のウェストファリア条約では、国家相互間で他国の宗教に干渉しないと明記されており、以後それが国際慣習法として確立しているから、中国が靖国神社のことに口を出すのは国際法違反であると聞きました。これをどう思いますか?

【回答】右派論壇の雑誌にしばしば登場する命題です（渡部59頁）。

ウェストファリア条約というのは17世紀前半の三十年戦争の講和条約として成立した多国間条約です。宗教改革の結果、西ヨーロッパが宗教的に一枚岩ではなくなった時代、カトリックかプロテスタントかの対立が世俗的な覇権をめぐる争いと絡まり合い、泥沼の戦争になってしまったのを収拾するため、宗教についての国家間での相互不干渉がその条約で決められ、それがその後の国際法の大原則になったというのです。

その場合の相互不干渉というのは、各国は領主の宗教をもって領域内の住民の宗教とすべしというもので、後の時代に確立されてゆく立憲政治下の基本的人権としての信教の自由や政教分離とは文脈の異なる話です。

だから、今日の日中間の問題をわざわざウェストファリア条約まで引き合いに出して論じること自体に、わたしは違和感を覚えますが、保守派が「これぞ中国の指導者が内政干渉に当たる発言をした実例だ」とあげつらっている例を読むと、「なるほど、おかしな発言であること自体は、嘘ではない」と思えるものもあります。

例えば、2000年4月12日に参議院国際問題に関する調査会が中江洋介元駐中国大使を参考人として招き、中曽根公式参拝当時の中国要人の反応についての突っ込んだ話を聴くという機会を設けたときの、中江元大使の話は、抜粋して写してみると、以下のようになっています（資料【七二三】）[*25]。

これは、御承知のように、日中共同声明をごらんになりますと、本文の第五項にありますように、配布資料の第六ページにございますが、第五項、「中華人民共和国政府は、中日両国国民の友好のために、日本国に対する戦争賠償の請求を放棄することを宣言する。」、こう書いてありまして、字面から見ると、中日友好のために放棄したんだ、だから友好が実現されないようだったら賠償は放棄する用意はなかったのだということに理屈としてはなるわけです。ですから、日中友好がうまくいかないばかりじゃなくて、日本側に日中友好に対する姿勢に陰りがあったりあるいは間違いがあったりすると、これは賠償を放棄したことについて黙ってはおれないぞという中国の姿勢が出てくることを暗に示しているというところまで字面を読む限りではわかるんですが、実はそれにもう一つ問題がある。

〔中略〕

日本の中の一部の、一握りの軍国主義者に対する責任はあくまでも追及するけれども、一般日本人に対しては戦争の責任は追及しない、賠償の責任は追及しない、こういうことで割り切ったればこそ一九七二年に日中正常化が行われたと、こういうふうに思います。

〔中略〕

そこで、問題はその一握りの軍国主義者というのはどこにいるかというところで第二番目の靖国神社の問題に関連してきまして、東京裁判とサンフランシスコ平和条約十一条。これは、サンフランシスコ平和条約十一条では、日本は戦争に負けた結果として極東軍事裁判その他の連合国の行った軍事裁判の結果を受諾するということを約束しているわけです。このサンフランシスコ条約はこの資料の四ページに十一条を抜いてございますが、「日本国は、極東国際軍事裁判所並びに日本国内及び国外の他の連合国戦争犯罪法廷の裁判を受諾し、」と。ですから、極東裁判史観が正しいとか正しくないとかいう歴史的な評価はともかくとして、国際間の約束として、日本が戦争に負けて無条件降伏した結果受け入れさせられた戦争裁判についての立場は、このサンフランシスコ条約の十一条にあるわけです。

〔中略〕

一九八五年の八月十五日に当時の中曽根総理が靖国神社を公式参拝されて韓国及び中国から猛烈な反発が出た、そのときちょうど私は北京に在勤しておりましてこの問題について当時の胡耀邦総書記といろいろ交渉したんです。

〔中略〕

その年の十二月八日、この日も珍しい日ですが、この日に胡耀邦総書記が私に昼の食事を一緒にしたいと、こう言ってきたんです。〔中略〕胡耀邦はそのときに、もう靖国神社の問題は両方とも言わないことにしようと、こう言い出したんですね。まだ戦争が終わって四十年しかたっていないじゃないかと。その当時はそうなんです。一九八五年です。義和団事件で八カ国が中国に干渉したことに対する中国人の怒りというものは、そのときから八十五年たった最近やっと中国人の関心が薄らいできているぐらいなんだから、靖国の問題というのは、黙って八十五年でも百年でも両方で騒がずに静かにして自然消滅を待つのが一番いいじゃないか、こういうことを言い出して靖国の問題が話題になったんです。

〔中略〕

そこで私は、もし今黙っちゃったら、日本ではああ、もうあれでよかったんだと思ってしまう人が出るかもしれないよと、こういうことを言いましたら、それは困る、それは困るんだと。もう一度靖国参拝が出たとすると我々の立場はなくなるということを言って、その後に、靖国には戦犯が二千人もいるじゃないかと、こう言ったんですね。

〔中略〕

〔中江は〕Ａ級だけなら多少わかるかもしれないけれども、Ｂ級、Ｃ級まで含めてはちょっと日本国民としては承服できない人がいるだろうと。こういう話をしましたら、胡耀邦が、なるほどそれはわかった、それなら文革の後で中国がやったように、実は本人には責任はないけれども、いろいろのいきさつ、経緯、命令系統その他でやむを得ずそういうことになった人たちの名誉を回復するという措置をとったらどうだと。だから、Ｂ級、Ｃ級のこれぞと思う人は名誉を回復してあげればいい、本当に戦争に責任のある人だけに限ったらどうだと言ったんですね。

それで、そうすると結局、一口で言えば、Ａ級のみということになると、中国側としてはこの靖国神社参拝の問題というのは問題でなくなると考えていいのかと私が言ったら、胡耀邦は、ここが非常に大事な点だと思うんですが、Ａ、Ｂ、Ｃを全部取り除けば、取り除くというのはつまり靖国神社の合祀から外すんですね、靖国問題はなくなるけれども、Ａ級戦犯だけでも靖国から外せば世界のこの問題に対する考え方は大きく変わるだろうと、こう言ったんですね、これは、世界の見方は変わるだろうという表現ですけれども、中国の見方も変わるということを暗に意味していると私は受け取ったんです。

ですから、もう時間を節約してしまいますと、Ａ級戦犯だけに限ればあとは相当問題は変わってくるだろうと。だから、Ａ級戦犯だけ靖国神社の合祀から外して別のところにお祭りして遺族なり関係者がお参りする、こういうふうにすることはそれはちっとも構わないと。いわゆる一般の靖国神社の中に入って、それに日本政府を代表する人たちが靖国を参拝するということが問題だと、こういうことを言ったんですね。ですからこそ、あの当時、Ａ級戦犯を靖国神社の合祀から外すということが多少話題になりましたけれども、いろいろの事情で実現をしなかったことは御承知のとおりです。

いろいろ言っていますが、要するに、「日本政府が公的追悼行事において表敬する戦没者の範囲をどのように設定したら、中国政府としては納得するのか」というのがテーマです。その「範囲」を論ずる前提として、日中国交正常化にあたって中国が賠償請求を放棄した前提に何があったかの再確認が大切だ、ということがまず言われています。そして、中国としては、日本軍が中国でさんざんひどいことをやったことは忘れないが、それをやらせた指導者と、強制的に動員された一般の日本人とは区別し、後者を責めないという態度で一貫している、という話が語られます。ただし、その線引きに関しては、時として両国政府のあいだに見解の相違を生ずることもありえるので、しっかり話し合って微調整する必要はある、ということになります。

中江元駐中国大使が「今だから話そう」調の秘話として言及している胡耀邦総書記との会食の際の会話というのは、本質においては、この文脈での「線引き」論です。

最後のほうで、靖国神社という日本国内の民間の施設に祀ってある対象（祭神）のうちどれどれの範囲の者を「取り除く」のが望ましいというような話を、外国の権力中枢の要人である胡耀邦総書記が日本の駐中国大使に向かって言ったと受けとめられる発言があります。それを字義通りに受けとめると、確かに「人の国の内部のことについて、何でそんな干渉をするのか」といった反発を抱く日本人がいても、おかしくないでしょう。

しかしこれは、日本の政治家が靖国神社公式参拝にあくまでこだわっているがゆえに、そのことを前提にしてしまうと、中国側の「線引き」論も、具体的な「要望」へと翻訳された場合、「A級戦犯を靖国神社から外してくれるなら……」というおかしな言葉にならざるを得ない、という事情によって生じているものです。

確かに、宗教施設として存立している寺院だの教会だのに祀ってある祭祀対象について、公権力を体現する公人が「取り除け」とか逆に「加えろ」とか要求するということ自体が、国内から持ち出されようと、外国から持ち出されようと、どっちにしたって筋の通らないおかしな話ですから、胡耀邦発言が事実とすれば、宗教というものの本質に照らして、それ自体がおかしな発言であることは本当です。

でもそれは、日本政府が公式参拝合憲論などという無理なこじつけに執着していないなら、最初から持ち上がらないはずの発言なのです。

この一点を押さえておかないと、「中国側は『A級さえ外してくれれば』と妥協線を示してくれたんだから、その譲歩を多として、日本側は受け入れるべきだ」、「いや、それは見せかけで、A級を外せば次はB級も、C級もと、彼らは要求をエスカレートさせてくるに違いない。あの連中には一度譲ったが最後、ますます嵩《かさ》にかかってくる」といった的外れな論争の泥沼へと引きずり込まれてしまいます。

「線引き」論は「線引き」論として、それだけを独立に取り出して、「日本政府はこれこれの範囲の者は侵略戦争の責任者であったと認識している。それについて国際社会に向かって政府が一方的に名誉回復宣言をしたりすることは今後ともありえない」といった約束を、いろんな機会に再確認する作業として、地道にやってゆけばよいことです。

首相その他政府要人が靖国神社に公人として参拝することの是非を論じる際には、中国要人がどこまでの範囲の者を靖国神社から「除けてくれ」と言っているだの、いないだのいうことは、考慮する要因としては、はっきり言って「どうでもいい」ことです。憲法20条に違反すると言いさえすればよいことです。

駄目押しに言っておけば、この「ウェストファリア条約云々」を理由に「中国は他国の宗教の問題に口出しをする野蛮な国だ」と批評する人々は、「内政干渉論」を展開するときには靖国神社が宗教であることを強調しておきながら、国内問題として首相の靖国参拝を弁護するときには、それは社会的儀礼であって宗教的活動ではないと主張するのですから、明らかにダブルスタンダードに陥っています。

＊25　この参考人招致のきっかけとなったのかもしれない報道が産経新聞1999年11月13日号4面にある。北京からの特派員報告として「中国の官営英字紙のチャイナ・デーリーは十二日付社説で日本の自民党の靖国神社に関する態度を非難し、A級戦犯だけでなくB級戦犯が祭られていることが侵略の象徴だと論評した。この主張により日本側が靖国神社からたとえA級戦犯の霊を分祀しても閣僚参拝などには反対することが明白となった。［後略］」と伝えている。

第2部

キーポイントはここにある

第1章　戦後改革の隠された真実

歴史記述のミッシングリンク

靖国神社が物議をかもす存在である理由を考察する際、戦後の出発点においてこの施設が背負い込んだ「ねじれ」を視野に収めておくことが必須です。それを欠いた歴史記述がこの問題の理解をどんなに混乱させてきたことか。

ここでひとつの例えを出しますが、幕末維新の歴史について、つぎのような記述を目にしたら、みなさんはどう感じるでしょうか？

討幕運動の力を最早抑えきれないと悟った徳川慶喜は、慶応3年11月京都の二条城で政権を朝廷に返上する旨発表し、天皇に上奏して翌日勅許を得た。これを大政奉還と呼ぶ。慶応4年2月、江戸に戻った慶喜は、上野の寛永寺に蟄居して恭順の意を表したので、危うく朝敵として征伐されることを免れた。西郷隆盛と勝海舟の会談により江戸城は同年4月に無血開城された。

この記述ではなぜ徳川慶喜が征伐されそうになったのかの理由がわかりません。大政奉還は天皇から勅許を得ているのに、天皇は勅許を出した相手を武力討伐しようとしたのか？

この疑問を解くには、大政奉還は慶喜が名を捨てて実を取る意図でやったもので、その時点ではまだ日本最大の封建領主としての地位を手放す気はなかったこと、その後、倒幕派が小御所会議というクーデターにより慶喜抜きの新政権を早々と作ってしまい、慶喜に辞官納地を迫ったこと、慶喜が挑発に乗って武力行使したこと、そして鳥羽伏見の戦いに敗れたこと、以上を記述に加えねばなりません。

靖国神社が戦後に生き延びた歴史についても、1971年5月24日衆議院内閣委員会での佐藤文生議員（自民党）による靖国神社法案趣旨説明にある以下の記述（資料【四五二】）と似たり寄ったりの記述が多く見かけられますが、それは「大政奉還の結果、慶喜は寛永寺に蟄居した」というのと同じぐらい中途を端折った記述なのです。

御承知のとおり、終戦直後の昭和二十年十二月連合国軍総司令部の覚え書きに基づき、宗教法人令が制定され、その改正により靖国神社は宗教法人とされ、その後昭和二十六年四月の宗教法人法の制定に伴い、靖国神社は同法の認証を受けて、宗教法人靖国神社として現在に至っておるのであります。

１９４５年12月15日にＧＨＱから「神道指令（国家神道、神社神道ニ対スル政府ノ保証、支援、保全、監督並ニ公布ノ廃止ニ関スル件）」が出ていること、12月28日には日本の勅令として宗教法人令というものが公布されていること、および翌１９４６年２月２日にその勅令が改正されていることは事実です。靖国神社が宗教法人という地位を与えられた最初の根拠がこの「宗教法人令中改正ノ件（昭和21年勅令第70号）」にあることも事実です。

この勅令第70号では、伊勢神宮とそれまで内務省管轄下にあった全国の神社と軍の神社だった靖国神社は一律に宗教法人と「看做《みな》ス」と宣言されており、６か月以内に登記に必要な届け出をしないと期間満了の日をもって解散したものと「看做ス」とも書いてありました。それに基づいて靖国神社は同年９月７日に宗教法人としての登記を終えました。その後、応急的に作られた宗教法人令に替わる本格的な法律である宗教法人法が１９５１年に制定されたのを受けて、靖国神社は改めて東京都知事の認証を受けた宗教法人として登記し直すことになり、１９５２年９月30日にその登記を終えています。

ここまでは事実。

しかし佐藤議員の趣旨説明にある「……覚え書きに基づき、宗教法人令が制定され」という箇所は正しくありません。宗教法人令は神道指令とは別建てで１９４５年10月のうちから準備が始まっていたもので、たまたまその公布が神道指令の少し後になっただけです。このあたりの事情を深く理解するためには、神道指令の発令準備作業に先んじて開始された靖国神社生き残り作戦のことを見ておく必要があります。

臨時大招魂祭というアクロバット

Q13で紹介したように、靖国神社で「臨時大招魂祭」という前例のない祭典を開く計画は、GHQの了解もとってあるという尚書《なおが》きをつけて、陸軍大臣と海軍大臣の連名で、1945年10月29日に宮内大臣宛の公文書として出されています。それに先立つ陸軍省内部での試案はすでに9月21日に書かれたものがあります（中村91〜92頁）。当初の案では、まず靖国神社以外の場所で内閣の主催により一般戦災死者も含めた「大合同慰霊祭」を挙行し、そのあと日を改めて靖国神社で「大合祀祭」を開くことが考えられていました。その案では「大合祀祭」での合祀対象も一般戦災死者まで広げるとされていました。当然個別の名前はまだ詳らかになっていないから、とりあえず一括して合祀されたことにするというプランであり、個別名が明らかになってからどうするのかはペンディングでした。

検討を続ける中で、前者の「大合同慰霊祭」の企画は消え、後者の靖国神社境内での祭典だけにプランが絞られ、さらに合祀範囲も従来どおりの軍人・軍属に絞ることになりました。また、この祭典は従来の合祀祭の前半にあたる「招魂式」の部分を独立に取り出して執行するもので、招いた〝魂〟を本殿のご神体に合体させて〝神〟とする真の意味での「合祀」は、個々の名前を記載した霊璽簿が調製されるのを俟って、爾後《じご》何度もの例大祭に分けて、逐次行なう予定とされました（資料【一一七】）。

以上の構想に従って、1945年9月2日までの戦没者で従来の合祀基準を満たす者の〝魂〟は11月19日の宵に、靖国神社境内招魂斎庭に設けられた「招魂殿」という仮設社殿に祀られました。その約1年後の1946年10月10日、招魂殿の撤去に先立ち、それらの〝魂〟は本殿の中の相殿《あいどの》（中央のご神体のある正床《まさゆか》からは少し離れた場所）に「奉遷」され、以後、従来の合祀祭の後半に当たる儀式は、霊璽簿のできた〝魂〟を順次相殿から正床に「鎮斎」する「霊璽奉安祭」として執り行なわれることになりました（『靖國神社百年史資料篇上』306〜307頁）。

伊藤智永『奇をてらわず――陸軍省高級副官美山要蔵の昭和』は、この前例のない儀式が発案されたいきさつをつぎのように解説しています（162頁）。

人霊と神霊は区別されており、招魂だけではまだ神霊とはならない。[*1]合祀祭でなく一歩手前の段階でとどめ置く臨時大招魂祭という手法をとったことについて、美山自身「今次大戦後の特殊事情に即して神社空前の便法として行われたものである」と前例にない手法であることを認めている。「軍の解散前に英霊に対し、軍として最後の奉仕を」という切羽詰まった事情から、やむを得ず行った一種のフィクションだったのだ。

では、今日の靖国神社で終戦後数年経ってシベリア抑留中に死亡した者などをも祭神として祀っているのはどういう根拠によるのかというと、それは祭神に含める死没者の死没年月日の範囲が後へ後へと延ばされるごとに、同様の招魂祭を数次にわたって行なったからです（春山64頁）。例えば1949年6月4日の招魂祭では、1945年9月3日から1948年5月31日までの死没者が「招魂」されています。最後となった1958年10月9日の招魂祭では、1951年6月1日から1957年9月30日までの死者が「招魂」されています。[*2]

＊1　Q8で紹介した大江志乃夫『靖国神社』137頁の記述を参照。
＊2　秦郁彦によれば「その後、神社は2004年に時限を1972年末までの戦没者へ延長した」（『靖国神社の祭神たち』219頁）とのことだが、それらの死者のための招魂式をしたかどうかは不明。1972年10月19日にフィリピンのルバング島で、小野田寛郎《ひろお》元少尉（後に生還）と行動を共にしていた小塚金七元一等兵がフィリピン警察官に射殺されたことと、関係があるのかもしれない。

宗教法人令と神道指令

GHQは国家と神道との結びつきを解体する作業に着手するより前、1945年10月4日に「人権指令（政治的、社会的及宗教的自由ニ対スル制限除去ノ件）」を発令しています。それは思想の自由、言論の自由、集会・結社の自由等を抑圧する法律の廃止を命ずるものでした。代表的なものが治安維持法ですが、宗教団体法も含まれていました。

戦前の日本では、神社神道以外の宗教の教派、宗派、教団と、その傘下の個別の寺院や教会などを法人として扱うための包括的な法律が長らく整備されておらず、その不備を埋めるために1939年に制定されたのが宗教団体法でした。しかしそれは、国家が宗教団体の内容を審査して法人設立の可否を決める（認可制）という統制色の強いものだったため、ＧＨＱから信教の自由を侵すものとみなされ、廃止を命じられたのです。

政府（文部省）はそれに替わる新時代にふさわしい宗教法制を検討し、ＧＨＱの同意もとりつけながら作業を進め、12月28日に、宗教法人を設立するには届出をして登記を済ませるだけでよいという、統制色のない「宗教法人令」の公布へとこぎ着けました。[*3] ただし神社は依然としてその対象に含まれていませんでした。

その制定準備が進んでいたころ、同時並行してＧＨＱの下部組織ＣＩＥでは、例のウィリアム・Ｋ・バンス（Ｑ13）が中心となって、国家と神道の関係を抜本的に改めさせるための指令の準備作業が行なわれていました。結果として12月15日に発令された「神道指令（国家神道、神社神道ニ対スル政府ノ保証、支援、保全、監督並ニ公布ノ廃止ニ関スル件）」の全文は長いものですが、ここでは中野毅による要約を示しておきます（中野90頁）。

> この指令の目的は、宗教を国家から分離し、宗教を《ママ》政治的目的への悪用を防止し、均等な機会と保護を受ける資格あるすべての宗教、信仰、信条を全く同じ法的基礎の上におくこと、また、神道のみならず、すべての宗教、教派、信条或いは哲学の信奉者が、政府と特別の関係を持ち、軍国主義的、超国家主義的イデオロギーの宣伝宣布を行うことを禁止することにあった。そのために、国家による神道の後援、支持、保全、管理、布教を禁じ、内務省神祇院等を廃止し、公共的資金による一切の財政的支持の禁止、全部ないし一部公的資金により維持されている教育施設における一切

の神道教育・神道儀礼の禁止、公人の神社参拝、その祝典、祭礼への参加禁止、公文書における国家神道的、軍国主義的、国家主義的用語の使用禁止等を命じたのであった。すなわち、直接的には、国家神道の廃止（abolition of National Shinto）であり、一般的には、国教の廃止（disestablishment of state religion）を命じたのである。そして、国家との関係を断った神社神道が、軍国主義的超国家主義的要素を払拭し、日本人個人の宗教または哲学で事実上ある限り、全く自発的な私的寄金・資産によって運営され、かつ信奉者が他の宗教と同等の一宗教として存続を望むならば、その様に認められると明示したのである。

日本国憲法のうち政教分離を定めた部分、つまり20条1項後段（「いかなる宗教団体も、国から特権を受け、又は政治上の権力を行使してはならない」）、3項（「国及びその機関は、宗教教育その他いかなる宗教的活動もしてはならない」）、および89条（「公金その他の公の財産は、宗教上の組織若しくは団体の使用、便益若しくは維持のため、又は公の支配に属しない慈善、教育若しくは博愛の事業に対し、これを支出し、又はその利用に供してはならない」）が、この神道指令の強い影響下に成立したことは間違いありません。

＊3　同日に宗教団体法は廃止された。ただし、単純な届出制を採った宗教法人令の下で小規模宗教法人の乱立が起こったことにかんがみ、1951年の宗教法人法では、宗教法人の設立をめざす者には、登記に先立って文部大臣または都道府県知事から「認証」を受ける義務が課せられた。しかし「認証」は「認可」とは異なり、書類が形式を満たしていることの確認行為にすぎず、宗教の内容に公権力が口出しすること

ではないと解釈されている。

わざわざ政教分離を定めたことの意味

日本国憲法は宗教に関しては「信教の自由」と「政教分離」という二つのことを定めています。そのうち「信教の自由」は、20条1項前段（「信教の自由は、何人に対してもこれを保障する」）と2項（「何人も、宗教上の行為、祝典、儀式又は行事に参加することを強制されない」）がこれに当たります。

信教の自由は、およそ近代国家の憲法ならばほとんどどこの国のものでも定めているきわめて普遍性の高い規定で、基本的人権の中の自由権というカテゴリーに属し、人身の自由、思想・良心の自由、学問の自由、表現の自由、集会・結社の自由などと並ぶ大きな柱です。

しかし、信教の自由があるところに必ず政教分離もあるかというと、こちらは国の歴史的事情によってさまざまです。イギリスでは国教があり、ドイツではいくつかの代表的宗教団体を国が公認教と定めて、信徒からの献金の仲立ちをする（宗教税を徴収して教団に配布）など、公的に便宜を図っています。ただしこれらの国でも、国教や公認教の信仰を国家が国民に強制することは禁じられており、その意味で信教の自由は保障されています。

そもそも他の自由権の場合、憲法に「何々の自由」が規定されていれば、国がそれを侵害する行為は当然にして違憲になるので、わざわざ別項を立てて国の側の義務について規定することはありません。それなのに、「信教の自由」の場合だけは重複して国の側の義務に言及し「政教分離」を定めるというのは、国家と一部の宗教団体との特別な結びつきがあると、国が直接に個々人に対して信仰上の強制をしていなくても、国に優遇されていない少数派側の信仰を保持している信者にとっては圧迫になることが多いからです。

政教分離を厳格に定めている国は、日本のほかにはフランスとアメリカが代表的だとよく指摘されます。それぞれ、その国の固有の事情がそれを必然化したと説明されています。フランスの場合は、カトリック教会の国家への干渉を排除するのが歴史的な課題だった事情と関係があります。アメリカの場合は、もともとイギリス国教会による迫害[*4]から逃れてきたピューリタンによって国の基礎が据えられたという事情と関係があります。前者の場合は世俗国家の機構から宗教性を排除するのが眼目ですが、後者の場合は必ずしも国家を世俗化するのが目的ではなく、同じキリスト教の教派間でのイコール・フッティングを保障するところに眼目があると言われています。

それらとの対比で考えれば、日本国憲法が政教分離を厳しく定めたのは、国家神道の排除という目的と明らかに関係があると言えるでしょう。その意味で、神道指令という外圧を通じてではあれ、国の歴史的事情がその制定を必然化したという事実に着目するなら、それなりにわが国の国情に合わせて制度設計がなされたのだと言うことができます。

*4　もちろん「当時の」イギリス国教会であって、現代ではそうではない。

信教の自由を尊重していたバンス

ところで、Q15で紹介した「ウェストファリア条約云々」という言説は、1985年以後の中国の日本に対するクレームを「内政干渉」として非難する際に用いられるだけでなく、同一の右派論客たちによって、神道指令を批評する際にも用いられています。GHQは神道指令によってわが国の宗教に干渉したのだから、宗教についての国家間での相互不干渉の原則を侵したものだ、というのです（渡部67頁）。

ところが、神道指令はむしろ、宗教としての神道それ自体とそれを国家権力が利用することとを峻別し、民間の個々人が自発的に神道を信仰すること自体をけっして妨げるものではないことを明言しています。事実、全国の神社のうちただの一つも、神道指令によって閉鎖せよと命じられたものはありません。

後日公開されたCIEの内部文書によると、バンスは神道指令の案文に添える内部関係者向けの注釈である「スタッフ・スタディ（担当者研究）」の11月3日付バージョンに、すでに以下のように書いていました（大原19頁）。

神道を宗教として廃止することはできない。その可能性は信教の自由の原則ならびに宗教それ自体の本質によって排除される。［中略］個人の宗教としての神道に敵対するようないかなる行動もなされてはいないことをはっきりさせるべきである。

バンスが神道指令の発令に向けての準備作業に入った10月中旬以降、非公式の顧問というかたちで神道について講義し、勉強を助けたのは、東京帝国大学助教授で宗教学者の岸本英夫ですが（文部大臣前田多門から推薦を受けて引き受けた）、バンスからなされる質問に答える中で岸本がかなり早くから気づいたのは、相手は「神道は宗教である」とはっきり割り切っているということ、および、信教の自由はあくまで尊重する考えでいる、ということでした（岸本２０４〜２０５頁）。

２００５年８月13日に放送されたＮＨＫスペシャル『靖国神社』の取材過程で、靖国神社の生き延びた歴史を改めて詳細に検証した中村直文＋ＮＨＫ取材班も、この点についてつぎのように総括しています（中村１７１頁）。

バンスは、すべての宗教が平等に扱われるべきだ、という考えを強く持っていた。それは「国家神道」も例外ではなかった。アメリカが戦時中から「国家のカルト」と呼び危険視してきたとはいえ、「宗教的要素」を持つ靖国神社については、早急な処分を下すことに慎重だった。

歴史の興味深いところではあるが、日本政府は戦前、「神社は宗教ではない」という立場に立っていた。もしＧＨＱが日本側の理屈をそのまま利用していたならば、「信教の自由」に関係なく靖国神社の処分を決定できたであろう。しかしＧＨＱは当初から、「神社は宗教である」という立場を崩さなかった。そういう意味では、ＧＨＱは物事を厳密にとらえようとしていたといえる。

このバンスの姿勢が岸本を通じて日本側に漏れ伝わったことが、占領政策と対峙する側にあった神道界の態度を決めるうえで、重要な要因となったようです。

一般神社の民営化方針決まる

岸本は宗教学者ではあっても、世界の宗教を幅広く比較研究することをライフワークとしていたので、神道固有の問題にはさほど精通してはおらず、その面では、東大の同僚で年長の神道学者・宮地直一《なおかず》を頼りにしていました。CIEとの縁ができて以来、わからないことがあるたびに岸本は宮地に質問し、宮地が該博な知識にもとづいて答えていそうです。たまに宮地でも即座には答えられない質問が出た場合には、神社界の人脈を利用してたちまち調べ上げ、結果を岸本に知らせていたそうです（岸本247〜248頁）。宮地は、東大教授になる前は内務省神社局考証課長を14年間も務めていた人で、神社界の政治的指導者でした。

日本の神社関係者が岸本にともなわれてバンスに直接面会したのは11月8日が最初ですが（大原33頁）、それ以前から神社界の中枢部は、文部省が岸本をCIEに顧問として送り込んだ事実を宮地を介して知り、岸本に接触を試みていたようです。岸本は10月24日には早くも靖国神社のスタッフの訪問を受けたと日記に書いています（中村138〜139頁、岸本209〜210頁）。

戦前の日本においては、靖国神社が軍の直轄であるのを除けば、神社行政は内務省の所掌でしたが（Q3）、1940年の制度改革によって内務省神社局は内務省外局の神祇院へと昇格していました。総裁は内務大臣が兼任し、副総裁が事実上のトップでした。発足時に副総裁の地位に就いた内務官僚の飯沼一省《かずみ》が、1946年1月末の神祇院廃止のときまで同じ地位にとどまりました。

神社の行政上の扱いをどう改革するかについては、この神祇院が中心になって検討し、一時は伊勢神宮以下皇室ゆかりの若干の神社は皇室の霊廟として一般の神社と区別する案も検討されましたが、まもなく行き詰まりました。そして神宮・神社は等し並みに民間団体とすることが、ちょうど例の「臨時大招魂祭」が挙行されるのと同時期に決まりました。

　１９４５年11月20日、政府は神社に対する国家管理を廃止することを内容とする「神社制度刷新要綱」という文書を閣議決定しました（大原38頁）。決定した方針をＧＨＱに伝える前に飯沼一省が宮内省を訪れ、靖国神社の将来の取り扱いについて協議しました。飯沼はメモに「靖国神社を一般官国幣社同様の取扱とすること」と記しています（中村１７３頁、『神祇院終戦始末』58頁）。

　同日、天皇の行幸もあった靖国神社の「臨時大招魂祭」を、ＣＩＥのバンスほか２名が視察のため訪れました。その日初めてバンスと短く言葉を交わした靖国神社の横井時常《ときひさ》権宮司は、近いうちに一度じっくりと話し合おうとの約束を取り付け、26日にＣＩＥを訪れて靖国神社を靖国廟宮という名に改めたいなどの案を示しています（中村１６３～１６７頁）。

　しかし、結論的には横井権宮司とは別の筋からの提案のほうが靖国神社の将来を決めるうえでは決定的でした。

祭神の遺族を氏子とする一神社として存続する

　政府は11月20日の閣議決定を踏まえた「神社問題対策」という文書を11月27日に和文と英文で作成しました。翌28日に飯沼一省と終戦連絡中央事務局（略称：終連）[*5]第一部長の曽祢益《そねえき》とがＣＩＥを訪れて、英文版をバンスに手渡しています。そこにはまだ靖国神社への言及はありませんでしたが、その文書について話し合いを深めるために12月4日に再び飯沼と曽祢がCIEを訪れたとき、靖国神社の話題が出ました。バンスに問われる前に日本側から言い出したのです。『神祇院終戦始末』69頁にあるところを口語で書き直すと、以下のようになります。ただし「当方」とあるのは、飯沼が言ったのか曽祢が言ったのか明示されていない発言です。

当方　ついで当方より靖国神社について一言申し上げたい。同神社については、そちら様では軍国主義と神道の神秘主義との結合として、特に問題にしておられる模様ですが、このたびの日本側提案の結果として、同神社もまた完全に国家の行政および殊遇を離れ、かつ、祭神も最早新たに祭られることもないでしょうから、既に祭られた祭神の遺族を氏子とする一神社として存続することに、何ら差し支えないものと思います。

バンス　同神社の地位については、今後戦死者の記念碑的なものとしてのみ存続を許ろうとの意見もある模様だが、これについての日本政府の意見はいかがですか。

曽祢　それについては、政府はいまだ直接かつ的確な決定はしていないと承知していますが、先の閣議決定の当然の解釈として、いまさっき申し上げたようになるだろうということ、つまり、単なる記念碑または廟としてではなく、一個の神社として存続することを許容するのが、日本政府の意向だとご承知おきいただきたい。

バンス　………。〔特にはっきりしたコメントはしなかった〕

「記念碑」と書いてあるのは英語では monument でしょうから、石碑のようなものよりもむしろ「記念堂」と訳せる立派な施設を意味していたと思われます。それならば例のビッテル神父の答申（Q13）を受けてマッカーサーが「こうしたらよかろう」と言った、とビッテルや志村が回想しているイメージに近いものです。

飯沼と曽祢は、日本政府の意向はそういう方向ではなく、戦死者を〝神〟として祀る神社としての性格はあくまで保ちつつ民営化する方向だと、バンスに伝えたのです。[*6]

ここにはじつは、臨時大招魂祭の意味づけが何であったかという事情が、決定的にかかわっています。〝招魂〟されて「招魂殿」に祀られた〝魂〟は、個々の氏名が判明し、霊璽簿が調製されて〝合祀〟に至るまでは、まだ〝神〟になりきっていないのであって、靖国神社はその大事業にこれから取り組む必要があるのです。臨時大招魂祭を企画した美山要蔵がそのことをいちばんよく知っていたはずだと伊藤智永は推測しています（『奇をてらわず』１６９頁）。

美山もまた、単なる記念碑や廟に移行させるやり方は承服しかねていたのではないか。二百万戦没者の大挙招魂という「神社空前の便法」を決行した以上、祭神への仕上げとなる本殿への合祀を成し遂げるまでは、神社であってもらわなくてはならなかったはずだからだ。

ここでバンスは、いま一歩突っ込んで、問題点を指摘するべきでした。靖国神社があくまで神道の神社であり続け、かつ民間のものになるというのなら、それを大切に思う人たちが自発的に信徒として集うのは自由だが、「祭神の遺族を氏子とする」というのがもし「戦死者の遺族ならみんな自動的に氏子とみなす」という意味ならば、信教の自由に反するのではないか、と。赤澤史朗は、バンスが遅蒔きながら約1年後にこの点を突いてきたことに注目していますが（赤澤Ⅰ55～56頁）、この時点でそれを指摘しておかなかったのは、詰めが甘かったのです。

それに、飯沼と曽祢が言った「祭神も最早新たに祭られることもないでしょうから」には嘘が含まれているということにも、バンスは気がついていませんでした。

これはむしろ、手抜かりというよりは、その時点でバンスに気づけというほうが無理な注文です。飯沼と曽祢は美山の企画した臨時大招魂祭というアクロバットの意味を知っていて、本当の意味での〝合祀〟はまだ済んでいないことを理解していたでしょうが、美山を始めとするこの企画の関係者は、GHQの人々の前では、面倒なことにならないように、そのへんのことはぼかした説明しかしていなかったに違いありません。

結果として、「戦死者を祭神として同神社に祀り上げる作業はもう済んでいるから、あとは祀られた祭神に対する祭祀儀礼を執行することだけが同神社の仕事となっており、民間に委ねても支障は起こらない」と、バンスは思い込まされたのです。

＊5　太平洋戦争の終結に伴いGHQとの折衝を担当する機関として、1945年8月26日に終戦連絡事務局官制（昭和20年勅令496号）により設置された政府機関。GHQ要求文書（第3号別紙甲）に基づき設立されたもので、間接統治を行ったGHQがその占領政策を実施するための指示を行う際に、日本政府

側の窓口となった。当初は外務省の外局で、芝区田村町（東京都港区西新橋）の日産館にあった。（ウィキペディア）

＊6　靖国神社戦後改革史を解明する上で最重要なこの史料をマーク・R・マリンズが見落としたのはたいへん残念だ。彼はこの『神祇院終戦始末』を読んでいないせいで、CIE宗教課の政策決定者は靖国を非宗派的な戦没者記念施設とする案を「にべもなく斥けた」などと、事実と真逆のことを書いている（マリンズ109頁）。

宗教法人靖国神社の発足

こうして伊勢神宮以下一般の神社も、軍の神社だった靖国神社も、等し並みに民営化することで政府の方針はまとまり、12月15日に神道指令が発令されて国が神社神道に特別な地位を与える制度はすべて廃止せよと命じられても、それに応ずる態勢はすでに出来ていました。

ただ、民営化後の神社の法的受け皿を何にするかはまだ決まっておらず、12月28日に公布された宗教法人令も、もともと神社以外の宗教団体を対象とした戦前の宗教団体法に替わる法令として企画されたものでしたから、神社をその対象には含めていませんでした。

そこで、民営の宗教団体としての今後の神社を、宗教法人令の適用対象とするか、それとも別に何らかの法令を設けるかという細かい詰めは、まだ課題として残っていました。

この段階でまだ靖国神社の横井権宮司は、改組後の靖国神社を靖国廟宮という名の独特の公益法人にする案にこだわっており、1946年1月半ばを過ぎても、政府とのあいだで調整が続いていました。結局は１９４６年1月19日に、横井が終連第一部長の曽祢および第一復員省（旧陸軍省）の石橋復員官と会談した際、「神社としての祭祀を行うという実質に変化がない以上、例え廟宮と改称しても、それによって存廃が左右されるとは考えられない。従って一般神社と同様に運営していくという線で意見の一致を見た」と記録されています（中村１８６～１８７頁）。

これを受けて1月25日に「神宮及神社ハ之ヲ宗教トシテ取扱ヒ之ニ関スル事務ハ宗教法人令改正施行ノ日ヨリ文部省ニ於テ管掌スル」との閣議決定がなされました（大原76頁）。

その改正（昭和21年勅令第70号）を含めた宗教法人令が、附則において、伊勢神宮と一般の神社と靖国神社は一律に宗教法人と「看做ス」と記し、かつそれらの宗教法人は6か月以内に登記に必要な届け出をしないと期間満了の日をもって解散したものと「看做ス」と記していたことを字面どおりに読むと、まるでだれかが（ＧＨＱが？）靖国神社に「宗教法人になれ。ならなかったら六か月で取り潰す」と脅迫したかのように読めます。事実、江藤淳はそれを「たいへんな脅迫を受けたわけですね」と説明しています（江藤淳「生者の視線と死者の視線」『靖国論集』所収、41頁）。しかしこれは、事情を知ってみれば、関係者のあいだですでに了解済みの事項を確実に履行させるための担保として置かれた規定にすぎません。つまり、「ハイハイ」と言ったまま手続きを先延ばしにするような怠け者が出ないように、期限を切ったというだけのものです。

こうして靖国神社はとりあえず勅令の規定によって宗教法人と「看做され」、１９４６年9月7日に登記が完了することで十全な意味での宗教法人となりました。[*7]

肝心なことは、ＧＨＱは靖国神社について「宗教法人になる道しか認めない」とは言わなかったということです。「神道という特定宗教の施設であり続けるのなら、国営であることは認めない」とは確かに言っています（「神道指令」を読めば一目瞭然）[*8]。しかし「宗教に中立的な戦没者記念堂のようなものに変えるのなら、国営であっても差し支えない」というもうひとつの選択肢を暗に示していました。が、日本側はそれを選ばなかったのです。

このような一連の動きの途上、例のビッテル神父や志村辰弥神父（Q13）が経過報告を受けてコメントを返したような形跡はありません。彼らがもし「マッカーサーの意見はこうだった」と後に回想しているような方向へ改革が進むこと期待し、事態の推移を見守っていたのなら、「あれっ、違う方向に向かっている」と気づく機会があったでしょうに、その形跡がないということは、改革は彼らを蚊帳の外に置いたまま進んだということです。

バンスは、妻の父親が滞日歴の長いプロテスタント宣教師で、妻は日本生まれ、自分も戦前に旧制松山高等学校の英語教師として3年間日本で教鞭を執ったことがあるという経歴の人でした。そういう縁から戦後日本の民主的な再建に貢献したいと思い、対日占領政策担当の将校となることを志願して再教育を受けてきたという人。理性的で理想家肌の人だったと言われています（岸本240〜242頁）。そういう彼は、神道が本当に民間の一宗教として出直すというのなら、その志を真正面から受け止めて「均等な機会と保護を受ける資格あるすべての宗教、信仰、信条を全く同じ法的基礎の上におく」（神道指令）という新しい原則のもとに、その真の自立を促したいと思ったに違いありません[*9]。

＊7　ただし靖国神社は、国家管理を離れた後の全国の多くの神社を束ねる連合組織として1946年2月3日に発足した神社本庁の傘下には入らず、単立の宗教法人となった。

＊8　ただし神道指令の中に靖国神社という具体名を名指しにした文はない。また、しばしば誤解されているところだが、神道指令の中に、戦没者の追悼行事を公的に行なってはならないとは一言も書かれていない。

＊9　ウィリアム・P・ウッダード著／阿部美哉訳『天皇と神道』227頁には、バンス自身が1945年11月8日の日本の神道関係者との会見の席で「われわれは、断じて神道を抑圧・迫害しようとするものではない。信教の自由は、あらゆる手段を尽くして実現されなければならない。神道が民衆の宗教として栄えるなら、それは結構なことである」と言ったと、紹介されている。大原康男の記述と照らし合わせると（大原35頁）、これは神社本庁編『神社本庁十年史』にある記録を写したもののようである。神社本庁編『神道指令と戦後の神道』の244頁にも同じ記述がある。

ねじれた改革の内実

こうして靖国神社は民間の宗教施設となることで、GHQ自身が掲げていた「信教の自由」という錦の御旗の下にとりあえず入ることができました。しかしその、民間の宗教だからこそ許される自由を享受しつつ守ろうとした信仰の内容が、「天皇のための戦いでの死者は一人残らず神道の神としてわが神社に祀られねばならない」という国家神道の信念そのものだったというのは、とりもなおさず、最初から目的と手段のあいだに「ねじれ」があったことを意味しています。伊藤健一郎はこの改革をつぎのように総括しています（「追悼から遠く離れて：反・戦後イデオロギーの台頭と靖国神社をめぐる言説の推移」『立命館学術成果リポジトリ』２０１７年、23頁）。[*10]

おそらく日本政府の関心は変化を最小限に抑えることにあり、ＧＨＱ側が政教分離原則と信教の自由を重視していることは理解していても、その背景にある近代的制度の精神を取り入れようとする意思は希薄であったことが推測される。外部からの改革圧力を受け流す方策として、神社を国民道徳の淵源とする思想を一旦は留保し、神社を近代的な意味での「宗教」とする見解を表明することで、神社神道の制度的な存続を可能にする道を選択したわけである。問題は先送りされたが、衝突は回避された。これを「したたか」と見るか「姑息」と見るかの判断は措くとして、占領の終結に伴って占領下で「抑圧」されていたホンネが少しずつ露出してくるのはある意味で自然と言わざるをえない。

靖国神社を民営に移行させることを決めた政府は、当初、もはや新たな祭神を祀ることはしないものと考えていたとの説がありますが（田中伸尚『靖国の戦後史』11頁）、それは飯沼と曽祢のバンスとの会見時の言葉（はっきり言えば「嘘」）を額面通りに受け止めた甘い解釈です。

臨時大招魂祭が終わり、陸軍省（11月30日で廃止）が第一復員省へと変わった直後の１９４５年12月13日、第一復員省は早々と「靖国神社合祀未済ノ者申告ニ関スル件通牒」という文書を次官名で出して、〝招魂〟はされてもまだ〝合祀〟されていない者の名簿作りの指針を示しているし（資料

【一一三】）、翌年4月の春の例大祭では新祭神2万6969名の霊璽簿が整えられて、合祀の儀式が行なわれています（『靖國神社百年史資料篇上』281〜285頁）。1946年9月7日付の復員庁第一復員局（第一復員省の改組後の名称）業務部名義の「議会答弁資料」という想定問答集には、「神社は宗教法に依る法人であるのに有資格者の調査を未だ復員庁に於て行ふは何故か」との予想される質問に答えて、「多数の死歿者の複雑なる調査は他の復員業務に併行して復員庁に於て行はねば実行困難で又客年十一月個々の祭神名は逐次調査の上合祀の手続をする旨勅裁を受けてあり、且軍としても戦争犠牲の最も大なる死者に対する道義上復員業務中の重要任務として負担するが至当と考へ依然調査中である」と、この件で靖国神社に協力するのは旧軍として当然の責務だと言いたげな模範解答が示されています（資料【一三六】）。文中の「勅裁」という語に注目して下さい。天皇の軍隊の戦死者は天皇の神社である靖国神社に一人残らず祀り込まねばならないという、戦前そのままの意識で関係者が動いていたことがわかります。昭和天皇もそれに同意していたのです。

＊10　同論文は立命館大学で受理された博士論文であり、公刊冊子にはなっておらず、オンラインでのみ閲覧可能。

矛盾の顕在化とＧＨＱの態度硬化

「靖国神社が民間のものになったのはうわべだけで、中身は国家神道そのもの」というこの二枚舌的実態が、ＧＨＱの見咎めるところとなったのは1946年秋の大祭へ向けて準備が進みつつあった9月のことです（「GHQ宗教部・靖國神社交渉記録」『靖國神社百年史資料篇下』79～81頁）。春の段階ではまだ「合祀祭」というのが何を意味するのかをよく理解していなかったらしいバンスが、ようやくその意味を知り、あの臨時大招魂祭で新たな祭神を祀る仕事は終わったと思っていたのは誤りだった（だまされた！）と気づいたようです。このままにしておくと断たれたはずの神社と国の特別なつながりが、いつまでも続くことになるので、政教分離に反する事態になると気づいたバンスは、合祀祭は中止せよと言い出すことになります。結局、この秋の大祭以降、占領期のあいだじゅう合祀祭を表立ってすることはできなくなり、合祀適格者の名簿を国が靖国神社に送るのも、非公式にしかできなくなります（大原247～249頁）。

そして、Q13で紹介した国有境内地の無償譲渡に関する法律の件で、GHQから「軍国的神社」にはその法律を適用するなと横槍を入れられ、靖国神社は「兵糧攻め」であわや潰れるかというところまで行きます。その件で文部省宗務課長の福田繁と会談したバンスが改めて靖国神社の今後のあり方について、神社のままで行く道のほかに「戦死者の記念堂の如きものとして、誰でも礼拝できる形とする方法」を示したことからもわかるように、もともと彼は、一国の戦死者を記念する施設が特定宗教の施設であるというあり方を、座りのいいものだとは思っていなかったようです。しかし、いったん宗教法人として信教の自由の保護下に置いてしまった施設を、今さら外からああしろ、こうしろと指示して変えさせるわけにはいかないので、GHQとしては靖国神社関係者の自主性にまかせるしかありませんでした。以後、靖国神社は占領期を通じて、いちおう温和な神社に変わりましたと言える程度の体裁を整えつつ、嵐の過ぎるのを待つことになります。

占領終了後、靖国神社国家護持運動が起こる中で、「どこの国にだって戦死者を記念する公的な施設があるのに、GHQは日本が敗戦国だというだけで、そういうものさえ持たせないようにした。そして、本来それに当たるはずの靖国神社に、民間の宗教法人などという似つかわしくない地位を押しつけた（そして、国や自治体がそれにかかわることを、政教分離に反するなどという形式論によって妨害した）」というたぐいの定型化した言説が、いやというほど流されました。これを「GHQ追悼妨害説」と名づけておきましょう。

しかし、当時のGHQの宗教政策担当者たちの率直な気持ちが表現されている文書を読むと、むしろ、自分たちは戦後の日本に宗教に中立的な公的追悼施設を持たせてやりたいのに、靖国神社とのからみでそれがうまくいかないのは残念だ、といったもどかしい気持ちを吐露しています。例えば、1946年の半ばからCIEの宗教課に着任し、バンスの参謀のような地位で活躍した知日家のプロテスタント宣教師ウィリアム・P・ウッダードは、後につぎのように書いています（『天皇と神道』180〜181頁）。

政府も一般大衆も戦没者を記念するための正常で非宗教的な手段を与えられていないために、これらの神社を私的というよりも公的な施設とみなしがちで、そのために信教の自由と政教分離の原則に逆行するような動きをみとめる危険性があると考えられた。したがって、遺族のしかるべき関心を満足させるとともに、既存の戦没者のための神社が公然と復興する危険を防御し、かつ望みに応じて戦死者を長く記念することに役立つような、なんらか別の形の公的な記念施設があるほうが望ましいと考えられた。さらに、占領軍が戦没者を適切に記念することに反対しているという印象は、払拭することが望ましいと考えられた。

ウッダードが、「GHQ追悼妨害説」は不本意なもので、そういう印象を払拭するために日本に宗教に中立的な追悼施設を持たせてやりたいと考えていたことが、これでわかります。現実にはウッダードが望んだことは実現しませんでした。当時の日本側が「神道の靖国神社」というあり方にこだわるあまり、公的な戦没者追悼施設を持てない状態をみずから招いたのだというのが、公平な見方でしょう。

時間切れによるGHQの規制緩和と占領終了後の揺り戻し

1946年11月にGHQが国有境内地無償譲渡問題で文部省に横槍を出して以降、靖国神社にとっては締め付けの強い時代が3年ほど続きました。GHQのその政策に変化が起こったのは、靖国神社やその支援者たちの意識が好ましい方向に変化した（信教の自由と政教分離の理念をよく理解する方向に変化した）から、などというものではありませんでした。東西冷戦の激化にともない、日本を反共の砦としてアメリカ側に抱き込むためには、過去についての制裁的措置を続けている暇がなくなったからです[*11]。

とりわけ朝鮮戦争の勃発によって、片面講和（中・ソを除いた枠組みでの連合国と日本との講和）が日程にのぼるようになって以後は、右のウッダードの文章にあるような公的追悼施設もできずじまいのまま占領を終えねばならない以上、靖国神社の地位を宙ぶらりんのままにしておくわけにもいかなくなりました。このような事情で、サンフランシスコ平和条約が調印された4日後の1951年9月12日、国有境内地譲渡問題での「軍国的神社」を適用除外にせよとの指令（「宗教団体使用中の国有地処分に関する件」第3項F号）は取り消され（大原270頁）、靖国神社は境内地の所有権を取得できることになり、財産権上永続を保証されることになりました。

そして1952年4月28日にサンフランシスコ平和条約が発効、日本は「独立」したことになりますが、同時に日米安全保障条約によって、占領軍であったアメリカ軍がそのまま居座ることを認めたのですから、明らかに「半独立」です。ただ、靖国神社をどうするかといった問題に関するかぎりはアメリカは手を引き（神道指令は占領終了と同時に失効）、その行く末は日本人の自由な討論に委ねられました。

1955年7月23日の衆議院海外同胞引揚及び遺家族援護に関する調査特別委員会では、靖国神社の池田良八権宮司も参考人として招いて活発な討議が交わされ、その中にはQ8で紹介した山本勝市議員（日本民主党）の「神として祭るのだけれども、しかしそれは宗教ではないのだという解釈……」という発言もみられます。同じ委員会で山下春江議員（新党同志会）は「戦後十年、独立して三年を経ました今日、あの二十一年の勅令七十号というものが正しい国民意思の表示ではなかったということはだれしも承知するところでありますから、……」と発言しています（資料【三九〇】）。「勅令七十号」とは例の、靖国神社も含めて神社はすべて宗教法人と「看做ス」と一方的に書かれている「宗教法人令中改正ノ件」のことです。後に江藤淳が「たいへんな脅迫を受けたわけですね」と解説した、あれです。
当時はまだ「靖国神社」というテーマは主として、戦没者遺族の心の慰藉にかかわる社会福祉的テーマと意識されていた時代ですが、それでも、これが「憲法九条押しつけ論」と平行した保守系反米イデオロギーの恰好のテーマにもなりうる下地が、このころからすでに備わっていたようです。

その国会審議があった1955年から翌年にかけて、一方では、現行憲法の制約下でも国が何か靖国神社の事業（具体的には合祀事業）を助けられるように、いろいろ策を講じるべきだという議論が活発化して、現に多少の成果を挙げるとともに、もう一方では「あの勅令七十号は正しい国民の意思の表示ではなかった」というキャッチフレーズに代表される靖国神社の法的地位そのものの見直し運動も始まりました。軍人恩給の停止にともなう遺家族の困窮を打開するために占領下で組織された日本遺族厚生連盟は、1953年3月に財団法人日本遺族会へと改組され、その年10月の寄付行為（会社の定款に相当するものを財団法人の場合はこう呼ぶ）改正で「英霊の顕彰」を会の目的の冒頭に掲げるようになっていましたが（田中伸尚、田中宏、波田永実『遺族と戦後』63頁）、その日本遺族会が1956年1月の大会では靖国神社・護国神社の国家護持の要求を決議しました（『英霊とともに三十年』41頁）。

こういう現象を「日本社会がいったん受け容れたはずの戦後改革の理念が（腹黒い反動勢力によって）早くも裏切られた」現象であるかのように描く傾向が左翼系の歴史記述には多いですが、「いったん受け容れた」というよりはむしろ、憲法20条が体現している理念はもともと「仏造って魂入れず」だったと理解する方が正確かと思われます。以後、じわじわと進んでゆく国家神道復権の動きに直面して、左翼系の人々も初めて信教の自由と政教分離の大切さを発見した――そういうふうに歴史を等身大に受け止めたうえで、「その延長線上にある今日」を理解するのが生産的だと思います。

＊11　中村244〜249頁。なお、マーク・R・マリンズは、靖国神社が生き残ったのは、それが「民間の」「宗教」として純化する方向、かつ平和的な慰霊の神社となる方向を意識的に追求し、ある程度の自己変革を成し遂げたからだという趣旨のことを述べているが（マリンズ125〜126）、その一方、脚注ではその変化は偽装的なものだったとの見解も紹介している。

なぜ、かくも靖国「神社」の地位にこだわったのか

神道指令発令前後の神社制度改革をめぐる日本側関係者の動きや、占領終了後まもないころの無名戦没者の墓（後の千鳥ケ淵戦没者墓苑）の構想段階での国会審議などを調べてゆくと、ひとつの強い「こだわり」が通奏低音のように流れていることに気づきます。

例えばQ10で紹介した逢澤寛議員は、無名戦没者の墓をけっして外国使節を案内して表敬してもらうような戦没者追悼の中心的施設にはしないことを、厚生大臣に迫って〝言質〟まで取っています。また、文部省宗務課長だった福田繁は、後に1988年11月1日の日付のついた「検証 GHQの宗教政策」という論考の中で、バンスが靖国神社はいっそのこと諸外国の無名戦士の墓のよ

うなものに変え、戦死者を神道の神として祀るというあり方をやめてしまうほうがすっきりするのではないかと一再ならず勧めてきたことを明らかにしつつ、自分はぬらりくらりとはぐらかして時間稼ぎをし、その方向には進ませないようにしたと言いたげなことを書いています（井門535頁）。これらの事実の裏には、「靖国神社は今のところ純然たる民間の施設ということにしておくが、いずれ昔のあり方に戻すことを念頭に置いて、その日に備えるべく諸事を取り計らえ」という密命があったのではないか、そこには宮廷筋がからんでいたのではないか、という憶測を語る人がわたしの知人の中にいますが、確たる証拠はみつかっていません。

ただ、その憶測の補強材料になる情報はあります。

1981年に出版された高橋紘＋鈴木邦彦『天皇家の密使たち――【秘録】占領と皇室』によると、あの臨時大招魂祭と同じ1945年11月20日の閣議で政府が「神社制度刷新要綱」を決めるにあたっては、それが「神宮ニ対スル措置」（単に神宮と言った場合、伊勢神宮を指している）を含むものであったため、天皇に対して必ず事前の〝ご聖断〟を仰がねばならないということで、19日かあるいは当日の朝、内務大臣の堀切善次郎が拝謁を願い出て、神宮の法人化（民営移管）を上奏したとあります。天皇は「皇祖に対して申しわけないが、暫く民間団体に移すほかなかろう」と述べたとのことです（186頁）[*12]。

これと符合する記述が、1985年10月27日の日付のついた渋川謙一の講演記録「占領政策と神道界の対応」にも出てきます（井門504～506頁）。そこで渋川は、1945年当時神宮奉斎会専務理事だった宮川宗徳の回想録を引きながら、神社制度改革の中で初期に検討されていた、伊勢神宮以下皇室ゆかりの若干の神社は皇室の霊廟として一般の神社と区別するという案が行き詰まった理由を、おおむねつぎのように語っています。１９４５年11月上旬に、バンスらＣＩＥのスタッフの態度が「神宮を皇室のものとして宮内省の所管とした場合、国民の参拝の対象とすることは許されない」（天皇をとるか、国民をとるかの二者択一を迫る）というものであったため、自分たちは、神宮は皇室のものであると同時に国民の信仰の対象でもあるべきだとの立場を守る以上、一時的措置として、制度上は皇室とのつながりを切るほかないとの苦渋の決断に至った――。

つまり、伊勢神宮はその性質上、純然たる民間のものではありえないと自分たちは考えているけれども、今は隠忍自重して「一般の神社と同じく純然たる民間のものにします」と言っておこう、いずれ見直す日があるのを期して、――というわけです。

靖国神社についても、平行的な過程があったと解釈すると、ものごとはすっきり理解できます。「天皇のための戦いで死んだ者は一人残らず天皇の宗教である神道の神として祀られなければならない」のであり、その意味で靖国神社は本質的に公的な神社なのだけれど、今は隠忍自重して「純然たる民間のもの」ということにしておこう、いずれ見直す日があるのを期して、――ということです。

こう考えてくると、例の11月20日の閣議のあとで飯沼一省が宮内省を訪れて靖国神社の取り扱いについて協議した結果「靖国神社を一般官国幣社同様の取扱とする」とのメモを残したのは、閣議前の堀切内務大臣の上奏に対する〝ご聖断〟と同じ流れの中でのことと考えるのが自然だと思われます。飯沼は堀切内務大臣（兼神祇院総裁）よりも地位が下なので、たぶん直接の〝拝謁〟はできなかったでしょうが、侍従職が取り次いで「お上のご意向はこうである」という〝お言葉〟を伝えたということは、十分考えられます。

*12　１９７１年に出版された神社新報社編『神道指令と戦後の神道』の30頁にも同じエピソードへの言及がある。

第2章　論点の矮小化と議論の迷走

承認欲求としての国家護持運動

前章の最後に書いた憶測が史実そのものである確証はありませんが、もしそういう事実があって、福田繁、宮川宗徳、飯沼一省などの人々が「誓いを守る」気持ちで動いていたのだとすれば、占領終了後まもなく始まった靖国神社国家護持運動は、彼らにとっては既定のプランであり、「物事が正道に復帰する当然の過程」と思えていたかもしれません。

彼らにとっては幸いなことに、戦後復興から1960年代半ば過ぎまでは、戦争で亡くなった身内を靖国神社に祀ってもらうことを栄誉と受け止める、あるいは「せめてもの慰め」と受け止める戦前以来の意識が国民のかなりの部分によって共有されており（Q7で言及した長崎医科大学被爆死学生の合祀が実現したのが1967年）、国家護持運動を支える民衆的基盤が確かに存在したように思われます（中村237頁、保阪68～69頁）。

一方で米軍基地問題や日米安全保障条約改定をめぐる国論を二分した論争が存在し、平和憲法の理念を維持するのか、なし崩しの再軍備路線を認めてしまうかは、世論の鋭い対立軸でしたが、そのわりに憲法20条を戦争の反省から生まれた貴重な宝物と考えて大切にしようという意識は、そんなに広く普及してはいませんでした。

憲法9条の問題は、もし改正（改悪）された場合、自分の身内が「兵隊に取られる」ことが将来に向かって起こりうるという、「これから」の危険の問題であるのに対して、靖国神社国家護持の問題は、たとえ大義のない戦争で悲惨な戦争だったとしても、いや悲惨な戦争であったればこそ、その中で死んだ身内に国家は相応の顧慮を払って欲しいという、「これまで」についての承認欲求の問題だったため、その目標達成の手段として戦後改革に逆行する動きが起こっても、それを危険と感じる人は少なかっただろうと、想像がつきます。平均的な日本人が欧米的な意味での宗教問題への過敏さをもっていないという事情もこれに輪をかけ、「靖国神社の問題は宗教の問題なんかじゃない」という藤原節夫議員的、山本勝市議員的な意識（Q8）を通じて、「憲法20条は多少緩めてもいい。そんなことにこだわるほうがおかしい」という意識を強めたと思われます。[*1]

現に、靖国問題が国際問題化するより前は、保守派の靖国論の多くは、国家神道復活への動きを「習俗の範囲内のものだ」、「社会的儀礼の範囲内のものだ」と弁護することで批判を無効化するという路線でした（例えば江藤淳・小堀桂一郎編『靖国論集——日本の鎮魂の伝統のために』日本教文社、1986年、大原康男・百地章・阪本是丸『国家と宗教の間——政教分離の思想と現実』日本教文社、1989年、など）。[*2] そういう意見と「GHQ追悼妨害説」とを抱き合わせにすると、かなりの多数派を形成することができるというのが、国家護持運動の起こされた当時の日本社会の実情だったように思われます。

そこで、反対運動を起こす側も、憲法20条をテーマにして人を説得するよりは、9条への問題意識に相乗りして、「軍国主義復活につながるから」という理由づけを強調するほうがやりやすかったでしょう。日教組運動が始まったときのスローガン「教え子を再び戦場に送るな」の改訂版です。でもそれは、承認欲求というレベルで国家護持を支持している人たちからみれば、大げさすぎる危機意識と映ったことでしょう（赤澤Ⅰ137頁）[*3]。

こうして、国家護持運動を特に危険とする意識はあまり広がりをみせないまま、時代は1960年代後半へと進みました。

＊1　ここで「欧米的な意味での」という限定をつけておくことは、重要であろう。

＊2　自民党政治家たちの考えは、今もまったく同じで、2012年4月27日に決定された自民党憲法改正草案もそれに沿っている。憲法20条と89条の政教分離規定に但し書きをつけてこれらを空文化しようというのである。（自民党改憲案20条3項「国及び地方自治体その他の公共団体は、特定の宗教のための教育その他の宗教的活動をしてはならない。ただし、社会的儀礼又は習俗的行為の範囲を超えないものについては、この限りでない」、同89条「公金その他の公の財産は、第二十条第三項ただし書に規定する場合を除き、宗教的活動を行う組織若しくは団体の使用、便益若しくは維持のため支出し、又その利用に供してはならない」）

＊３　宗教界の場合は、Ｑ９で紹介した立正佼成会の庭野日敬会長の例にみられるように、軍国主義復活云々を神経質に叫ぶよりは、「戦後の憲法で信教の自由と政教分離が確立されたことの意義をみつめる」という線を最大公約数にすることで、それなりに大同団結に成功してゆくのだが、これは靖国神社法案が国会に上程される前後から活発になってくる動きである（赤澤Ｉ１４８頁、１７２頁）。また、そのような情勢になって以後も、伝統仏教寺院の住職層に「家庭を大切にする」「子どもの公徳心を育てる」などの入り口から入って「自虐史観反対」などに行き着く者が多くいるのは、われわれが日常目にするありふれた光景である。愛媛玉串料訴訟原告団長だった安西賢誠によれば、浄土真宗も例外ではない（『浄土の回復――愛媛玉串料訴訟と真宗教団』１７５頁）。護国仏教の流れを汲む奈良や京都の仏教界長老が参加する関西仏教徒懇話会は、２００１年夏に小泉首相の靖国参拝を激励する文書を発表した（菅原伸郎編著『戦争と追悼――靖国問題への提言』15頁）。

そして１９８５年へ

こうした流れの中で１９６９年６月に靖国神社法案が初めて国会へ上程されたわけです。しかし何度も上程と廃案をくり返すうちに、日本国憲法の下でそのような法律を成立させることの無理が明らかになり、ついに放棄されるに至ったことはＱ９で述べたとおりです。以後、運動は迂回戦術をとり、三木武夫首相の「私的」と言い訳しながらの終戦記念日参拝（１９７５年）を経て、１９８５年の中曽根康弘首相の「公式参拝」へと向かうことになります。その略史はすでにＱ１で紹介しましたから、くり返しません。

その途上で1977年7月30日に、司法判断上重要な判例となる「津地鎮祭違憲訴訟最高裁大法廷判決」（資料【四七七】）が下りています。

その訴訟は、三重県津市が市体育館を1965年1月に起工するにあたり神式地鎮祭を公費で挙行し、市議会議員であった原告に対し市長名で出席を求めたことにつき、原告が津市長および津市教育委員会を相手取って、公金支出の違憲性と「（原告の理解によれば）半強制的」な出席要請の違憲性を問うて、同年3月31日に提訴されたものでした。

一審では原告敗訴となった後、控訴審で逆転して原告勝訴の判決が下り、被告側が上告して最高裁で争われることになったものですが、最高裁大法廷判決は憲法20条の政教分離規定を緩やかに解釈したうえでの合憲判決でした。神式地鎮祭は日本の習俗で、そのための公金支出ぐらいは目をつぶってもいいという判決ですから、国家神道復活を警戒する人々からは、憲法を骨抜きにしたい保守派に媚びた判決だと、批判的に受け止められました。ただしさすがにこの判決でも日本国憲法を前提とした判決ですから、政教分離を無制限に緩めてよいとは言っておらず、政府や地方自治体の宗教へのかかわりに歯止めをかける際の目安を示しています。だから、以後この判決の示した「目的効果基準[*4]」というものが、判例として司法判断を縛るだけでなく、行政府が宗教にかかわる活動をする際の、かかわってよい限度をあらかじめ検討するための指針ともなりました。

中曽根「公式」参拝も、この「目的効果基準」に照らして「宗教的活動」には当たらないとお手盛りの解釈をこしらえ、それを内閣官房長官談話（資料【四八七】）として発表したうえでなされたものです。参拝の方式を工夫することで違憲ではないことにしたというのですが、その「作法を守らない」参拝が、じつは当の靖国神社の松平宮司からは「神様に対し、非礼きわまりない」（「誰が御霊を汚したのか――『靖国』奉仕十四年の無念」『諸君！』１９９２年12月号所収、１６８頁）と侮蔑的な批評をくらったのは、皮肉なエピソードです。靖国神社のもつ宗教性を重視するならば、松平宮司のほうがむしろ正論でした。

そして、事後的にではあるけれども、この参拝が「戦争の責任者であるＡ級戦犯まで祀ってあるところへの」表敬行為であったことが国際的に大きな物議の種となり、中曽根首相は公式参拝どころか、参拝そのものが首相の座にあるあいだはできなくなる、……という流れになってゆきます。国際的な波紋については、評価は二つに分かれました。一方では、Ｑ12で紹介した小林進議員の指摘にあるように、これまでの日本の政治家が（それを支持していた民衆も）、自国の引き起こした過去の戦争の国際的評価に鈍感でありすぎたことに問題の根があると指摘されました。他方では、Ｑ11で紹介したサンケイ新聞の論説にあるように、中国の政治的指導者が日本の過去の弱みを握って、外交上の譲歩を引き出す交渉材料として利用し始めたのはまことに遺憾であると批評されました。いずれにせよ、それまではほとんどもっぱら戦没者遺族の承認欲求にいかに応えるかの問題として内向きに捉えられていた公人の靖国神社参拝が、外交上の抗議という予期せぬ伏兵に襲われたという「意外感」が保守政治家のあいだにはありました（板垣正『靖国公式参拝運動の総括』１７０頁）。

＊４　判決文は憲法20条３項のいう宗教的活動を「当該行為の目的が宗教的意義をもち、その効果が宗教に対する援助、助長、促進又は圧迫、干渉等になるような行為」と限定的に解釈し、「ある行為が右にいう宗

教的活動に該当するかどうかを検討するにあたっては、当該行為の主宰者が宗教家であるかどうか、その順序作法（式次第）が宗教の定める方式に則ったものであるかどうかなど、当該行為の外形的側面のみにとらわれることなく、当該行為の行われる場所、当該行為に対する一般人の宗教的評価、当該行為者が当該行為を行うについての意図、目的及び宗教的意識の有無、程度、当該行為の一般人に与える効果、影響等、諸般の事情を考慮し、社会通念に従って、客観的に判断しなければならない」としていた。

ここで問題を整理してみる

ここでいったん立ち止まって、第1章の知識をベースにしながら、問題を整理してみましょう。

Ⅰ　GHQは戦前の日本で国家が神道に特別な公的地位を与えて利用したことが戦争につながったと考え、神道も含めていかなる宗教も同一の法的基礎の上におくよう指示した。そして国家がどの宗教にも肩入れしない「政教分離」の確立を指示した。

Ⅱ　靖国神社は神道の神社であるから、神社のままであれば国家と特別な関係にはない民間の宗教施設とならねばならなかった。ただし、政府が戦没者追悼事業を公的に行ないたいならば、靖国神社とは別の、宗教に中立的な追悼施設を設けるか、もしくは靖国神社自体を改組して、神道的宗教性を払拭したものにするかという選択肢があった。

Ⅲ　日本政府は靖国神社を神道の宗教性は保持させたまま純然たる民間の施設にすると誓ったが、それは〝信教の自由〟という相手の武器を逆手にとって〝国家的・公的な神〟という思想を温存する戦術であったらしく、最初から目的と手段のあいだに「ねじれ」があった。

Ⅳ　政府は靖国神社には新祭神の合祀という課題が残っていて、その事業には国の協力が必要なことを知っていた。だから、祭神適格者の名簿を国が送付するなどの便宜を図って、今後とも同神社を事実上公的なものとして扱おうとする意図をもっていた。

Ⅴ　ＧＨＱはそのことに気づいて、それは政教分離違反になるとして関係の断絶を迫ったが、その結果ＧＨＱが日本の戦没者追悼事業そのものを妨害しているかのような印象が生じた。

Ⅵ　占領終了後も憲法の政教分離規定がＧＨＱの指令に代わる役割を果たしたため、戦没者を偲ぶための大きな施設が靖国神社しかない前提の下では、憲法の規定が厳密に適用されることは、多くの人の目に戦没者追悼事業への妨害であるかのように感じられた。

Ⅶ　この不全感を支持基盤として、かつ「ＧＨＱ追悼妨害説」を活用することにより、靖国神社の国家護持運動が起こされた。これは戦没者遺族の承認欲求に国が応えるという真っ当な一面をもっているため、戦前回帰を警戒する人々がその危険性を指摘しても、反発されることが多いという悩みがあった。

Ⅷ　しかし日本国憲法の下、国家護持の案には矛盾が多く、三種類の反対を受けて挫折した。そのため迂回戦術として公式参拝運動が展開された。これも遺族の承認欲求に応えるという真っ当な一面をもつため賛成者が多く、反対派は苦戦した。しかし公式参拝が実行されてみると、政府が責任をもって祭神を選んでいるのでもない私的施設に表敬だけは公的にするということにそもそも矛盾があり、外国からの非難を招く結果となった。

憲法論としての正論はこうだった

今日この「中曽根公式参拝」が巻き起こした波紋を回顧する際、「歴史認識の問題がようやく靖国問題の主要な論点として浮上し、議論が深まるきっかけとなった」と評価したり、あるいは逆に、「本来日本の国内問題であるはずの靖国参拝を、中国や韓国が外交カードとして利用する悪しき時代の幕開けになった」と嘆いたりする言説が主流ですが、参拝からしばらくのあいだ、国会審議で中心になっていたのは、そういう国際問題ではありませんでした。

私的諮問機関にすぎない「靖国懇」に審議させただけで政府見解の変更（違憲の疑い→合憲）を決めた手続上の問題や、政府は再三再四「靖国神社が国民の多くから戦没者追悼の中心的施設であると思われている」事実を尊重してと言うが、それを理由に公的に表敬していいということになるのか、などが何度も問われていました。

例えば1985年10月30日の衆議院予算委員会では、二見伸明議員（公明党）と藤波孝生内閣官房長官のあいだに、つぎの質疑応答があります（資料【六二二】）。

○**二見委員**　それでは、あなたいいですか。国民や遺族の多くが、靖国神社を戦没者追悼の中心的施設であるとし、参拝を望んでいる。それでは伺うけれども、［中略］靖国神社が日本における要するに中心的な施設だという判断を下したのかどうか。遺族がそう思うことは、これは自由です。国民がいろいろ思うことは、それは自由です。政府がそういうふうに判断をしたのかどうか。［中略〕政府として、一宗教法人靖国神社は、戦没者を追悼する日本の国の中心的な施設だという判断をしているのかどうか、この点はどうですか。

○藤波国務大臣　簡潔にお答えをいたしますが、政府は、靖国神社は戦没者追悼の中心的施設だと考えたわけではありません。

「おやっ？」と疑問に思う人もいるでしょう。政府自身がそう思っているわけではないけれど、国民がそう思っているからと、逃げているのです。

そして1985年12月13日の衆議院外務委員会では、小林進議員（社会党）の質問に答えて的場順三政府委員（内閣官房内閣審議室長兼内閣総理大臣官房審議室長）はこう言っています（資料【六三二】）。

宗教法人靖国神社が祭神としてだれを祭るかということは靖国神社が自由になし得るところでございますので、政府としてこれに対して干渉することはできない。これは、憲法上の制約がございます。〔中略〕

それからもう一つ、〔中略〕靖国神社に公式参拝をいたしますのは、靖国神社が国民の多くから戦没者追悼の中心的な施設であると思われているという社会通念をとらまえまして、靖国神社の祭神にお参りをするのではなくて、靖国神社の場をかりて戦没者の追悼と平和の祈念をする、しかもそれは、神道儀式にのっとらない形で行うものであるということでございます。御理解をいただきたいと思います。

中曽根首相が参拝したのは「祭神にお参りをするのではなくて、靖国神社の場をかりて」世俗的なことをやったのだとは、松平宮司など[*5]に言わせれば「聞き捨てならない」発言のはずです。

こうした「逃げ」と「言い訳」に終始するのはやめて、憲法の原則にしっかりと足場を据え直したらどうだという正論が、議事録にいくつか見いだされます。

1986年3月6日の衆議院内閣委員会での新村《しんむら》勝雄議員（社会党）の発言は、つぎのようにすっきりしています（資料【六四一】）。

それは神社がお祭りになるということは、宗教法人としてこれは自由です。しかし、国は公的に関与できないわけですから、これに対して公式に参拝するということも、そういう理論からすると適当ではない。大臣や総理が個人的に宗教の立場から参拝するのはどう考えても自由でしょう。ですけれども、公的な立場で、公的な形で、公式に参拝することについては疑義があると思うのですけれども、それはいかがですか。

〔中略〕

国民感情とおっしゃいましたけれども、靖国神社の神聖さあるいは権威、これについて我々は云々はしておりません。靖国神社はありがたいという方はそれで結構だと思うのです。ただ、国家権力という立場からして、あるいは憲法の条章からして疑義があるのではないかということを言っておるわけなんです。

〔中略〕

国民感情とおっしゃいますが、我々は国民感情を無視することはすべきではないと思います。ただ、一〇〇％国民感情に流されると言っていいかどうか知りませんけれども、国民感情だけによって事態を判断するということではいけないと思うのですよね。国民感情は尊重しながらも、やはり理論的に正しい方向にこれを向けていくということが必要だと思うのですが、長官〔江崎真澄総務庁長官――引用者注〕にはひとつもう一歩踏み込んでこの問題についてお考えをいただきたいわけです。

初回「公式参拝」の翌年、二度目の公式参拝を実行したいと土壇場まで執念を燃やした中曽根首相でしたが、ついに断念して、終戦記念日前日の8月14日に後藤田正晴官房長官に新たな談話を発表させて、今年度は諸般の事情を考慮して参拝を取りやめると、いわば〝白旗〟を掲げました（資料【四九二】）。しかし、その談話の中に前年にいったん合憲とした憲法解釈を見直すとの言葉はありませんでした。それを評して1986年8月19日の衆議院内閣委員会で質問に立った鈴切康雄議員（公明党）は、以下のように述べています（資料【六五二】）。

政府は今回、中曽根首相の靖国神社公式参拝を見送ることを決め、十四日に後藤田官房長官から談話が発表されました。しかしこの方針は、我が党が従前から指摘してきた靖国神社への公式参拝は憲法に抵触するという基本的視点からのものではなく、相変わらず公式参拝は合憲という姿勢に基づくもので、まことに私は遺憾だと思います。

〔中略〕

同じく談話には、「公式参拝は制度化されたものではなく、その都度、実施すべきか否かを判断すべきものである」と述べられておりますけれども、要するに、諸外国から文句を言ってくれば公式参拝は中止をする、何も言ってこなければ公式参拝するということが判断の基準となるのか、その政府の判断する基準を明らかにしてもらいたいと思います。

〔中略〕

宗教色を薄めたって濃くしたって、そんなのは憲法に抵触していることは間違いないのですよ。そうでしょう。例えばここに汚物があるとする。それをいくら希釈したって汚物は汚物なんですよ。そうじゃないですか。だから、抵触したものはやはり抵触したのであって、これはもう――ちょうどいいときだ。近隣諸国がそういうふうな反発をしてきた、そしてそれに政府も配慮しようとする姿勢が見えた。この際政府は、常日ごろ靖国神社の閣僚の公式参拝は憲法に抵触するんだというふうなことをずっと言ってこられた、その見解にもう一度やはり立ち戻るべきじゃないですか。その点はいかがですか。

〔中略〕

靖国神社の論議というのは長い歴史がありまして、政府としては常に憲法に抵触する疑いを払拭できないと言い続けてきたわけです。だから、憲法問題であるわけですから、確かに公式参拝という問題については外国の国民感情というものを配慮しなかったという政府のどちらかというと早と

ち り的な行動に対しては大変に問題があると同時に、形式的においても宗教色を払拭するなんて苦しい答弁を官房長官やらないで、毎年毎年暑いのにこれが論議されるようなことではやはり問題だと私は思うので、これはいっそのこと前の昭和五十五年の統一見解に戻したらどうですか。

しかしこの勧告は中曽根政権によっては無視されて終わりました。

これらのほかにも、1985年10月31日の衆議院予算委員会では矢山有作議員（社会党）が、1986年10月21日の参議院内閣委員会では和田一仁議員（民社党）が、それぞれ、中曽根首相周辺にはA級戦犯を合祀から外した上でならば公式参拝を続けられるのではないかとの思惑から、神社に働きかけて分祀を促そうとの動きがあることを指摘して、それこそむしろ宗教への国の介入であり、信教の自由への侵害になるではないかと、警告しています（資料【六二三】、【六五九】）。

＊5　戦没者追悼行事を靖国神社の境内で行ないながら「これは祭神への参拝ではない。靖国神社の場を借りただけだ」と言い訳するのは、その時に始まったものではなく、1964年8月15日の全国戦没者追悼式という先例がある。1963年から始まった政府主催による8月15日の全国戦没者追悼式は、初回は日比谷公会堂で開催されたが、第2回は靖国派が巻き返して、直前になって会場を靖国神社境内に変えてしまった。なぜ直前になってそんな変更をしたのかと、7月31日の衆議院社会労働委員会閉会中審査で野党から追及された政府は、境内ではあるが社殿からは離れた場所で、社殿が見えないように幕を張って開催するから政教分離には反しないのだと、苦しい弁明をした（資料【四三〇】）。それはさすがに無理があっ

たので、翌年以降は日本武道館を会場とするようになって、今に至っている。

ぐらつき始めた批判の視座

これらの国会審議の記録は、今日でも靖国問題を考えるとき振り返って参照されるべき価値があります。なぜなら、これらの正論に混じって、後の時代に議論を混乱させる要因となるような命題が、この時期に顔を出し始めていたからです。

中曽根参拝の直後に編集された『ジュリスト臨時増刊――靖国神社公式参拝』（１９８５年11月）に、中央大学教授橋本公亘《きみのぶ》による「政教分離と靖国懇報告」（48〜53頁）という論考があります。冷静な学問的見地から報告書の内容を精査した記述のあと、最後に「若干の感想」という付言が数項目に分けて書かれています。その第１項目はつぎのとおりです。

　Ａ級戦犯が合祀されているから靖国神社に反対するという意見がある。このような感情的な反対論がよく見られるが、しかし、これはこの問題の本質を見失っている。これらの反対者は、それではＡ級戦犯を合祀対象から外せば、公式参拝に賛成するというのであろうか。おそらく、そうではあるまい。靖国神社の憲法問題の本質は、靖国神社の宗教性にあることを見失ってはならない。つけたりの理由は、議論を混乱させるだけである。

公式参拝が国際的な波紋を呼んだことを、「そらみたことが」、「だから言わないことじゃない」

と、援軍を得た気持ちになった人もいたでしょうが、もしそれらの人が、外国が抗議の理由として挙げた「A級戦犯まで祀られているところに……」というのを、みずからのこれまでの主張の補強材料のように思ったとすれば、それは早とちりです。

中曽根首相が私的諮問機関「靖国懇」にお墨付きを出させて、非宗教的なやり方で深々とお辞儀をするだけなら憲法違反にならないと言って参拝に踏み切った、しかも政府委員があとから「祭神にお参りをするのではなくて、靖国神社の場をかりて」やったことだと弁明をくっつけたなどというのは、まるで詭弁であって、鈴切議員が指摘したように「宗教色を薄めたって濃くしたって、そんなのは憲法に抵触していることは間違いないのですよ」が正論なのです。

政教分離というハードルは、中曽根内閣がクリアしたと自称しているだけで、客観的にはクリアできていない（かりに〝進歩派〟には嫌われていた「目的効果基準」という緩めの憲法解釈を容認するとしても）。——そこを冷静に認識して、「クリアなんかできていないぞ！」と断固として言い続けることが、野党には必要でした。

それなのに、外国の抗議を援軍と受け止めて、「かりに敵が第一ハードルを跳び越えたとしたって、この第二ハードルは跳び越えられまい」と安心して油断するのは、みずから第一ハードルを明け渡して、防御線を後退させることを意味していました。

実際、この時期以後、「政教分離もさることながら……」とひとまずそれを脇に置いて、「A級戦犯まで合祀していることは、さすがに外国からの抗議を受けてもしたがないと、あなたも認めるだろう。それならば……」と相手に迫ってゆくスタイルが、だんだん多くなってゆきます。

中には、野党の立場にありながら、中曽根首相の「A級戦犯分祀工作」を督励するかのような発言をした例もあります。1985年10月30日、衆議院予算委員会で質問に立った社会党の岡田利春議員は、中曽根首相に向かって「総理は遺族ですから、当然宗教法人である靖国神社に言えるわけですよ。これは、やはり別に外してくださいということも言えるわけでしょう。〔中略〕平和国家日本として進んでいく、そのリーダーとして、この問題についてびしっと整理をされることが最も望ましいと私は思うのであります。いかがでしょうか」と迫りました（資料【六一二】）。

こういう政府批判の姿勢をわたしは「分祀そそのかし型野党」と名づけますが、この落とし穴にうっかり落ち込んだのは一人だけではありません。Q12で紹介した熱血漢小林進議員（社会党）も、内政干渉論に憤然として反論したのはよかったものの、1985年12月13日の衆議院外務委員会では、安倍晋太郎外務大臣を相手に丁々発止のやりとりを続けているうちに、「対国際問題なんだよ。本当に解決する気なら、今も言うように、遺族会を媒介として靖国神社からそういう者を排除するなどというのはちっとも困難な問題じゃない。その手段方法は、櫻内さんがちゃんと北京において説明しているじゃないですか。A級戦犯はこんな、こんな、こんな手段で排除いたしますと言っている。B級だって、政府の見解が出れば、そういう手段を使って排除することができる。やる気があるのかないのかという見解を私は承りたい」と言い出してしまいました（資料【六一三】）。合祀は靖国神社が自主的な判断でやったというのはうわべだけで、実際は全部厚生省が決めていたんだろうという憶測に立って政府を追及しているうちに、暴走して、政府が合祀したんだから、引きずり下ろすのも政府の手でできるだろうと、言い出してしまったのです。

「国民が考えている」のか「政府が考えている」のか

ところで、こんなふうに野党側の批判の視座のぐらつきが始まった一方で、多くの人が気づかないうちに政府見解のなし崩しの変更が一点、ありました。

中曽根政権は、首相の靖国参拝を合憲とすることにこだわる理由を尋ねられるたびに、政教分離問題に関して合憲か違憲かの判断をする際には「社会通念」も考慮に入れられるべき要素だとする最高裁判例の「目的効果基準」を引き合いに出し、その「社会通念」のありようの調査がいままで不十分だったので、よく調べ直すために「靖国懇」に審議を求めているのだと釈明していました。

つまり、靖国神社公式参拝問題は、国民のあいだに行き渡っている「社会通念」のありよういかんによって合憲か違憲かの判断が左右されうる微妙なテーマだから、「国民の多くが靖国神社を戦没者追悼の中心的施設と考えているか否か」をしっかり調べてかかる必要があるというのです。

そして、公式参拝に踏み切ったあとでは、国民のあいだに右のような「社会通念」があることがわかったから踏み切ったのだ、との釈明をくり返すことになります。

では、政府の言うその「社会通念」なるものは、あくまで「国民にあいだにそういう通念がある」という意味なのか、それとも、政府自身もそう考えているという意味なのかと、1985年10月30日の衆議院予算委員会で二見伸明議員（公明党）から突っ込まれた藤波孝生内閣官房長官が「政府は、靖国神社は戦没者追悼の中心的施設だと考えたわけではありません」と答えたのは、先ほど紹介したとおりです。その一月あまり後の1985年12月13日の衆議院外務委員会での小林進議員

（社会党）に対する的場政府委員の答弁でも「靖国神社が国民の多くから戦没者追悼の中心的な施設であると思われているという社会通念をとらまえまして、……」と前言が踏襲されていること、これも先ほど紹介しました。

ところがどっこい、それから1年も経たない1986年10月21日の衆議院決算委員会で、渡部行雄議員（社会党）から、厚生省が靖国神社への戦没者の身分関係情報を組織的に送付していたことは問題ではないかと突っ込まれた木戸脩政府委員（厚生省援護局長）は、つぎのように答弁することになります（資料【六六〇】）。

私どもは、積極的になぜ靖国神社に通知をしなければならないかというよりは、関係団体から回答を求められるときに、それが違法なものでない限り回答するというのが私どもの基本的な考え方でございます。私どもはやはり、政府の見解でございますが、靖国神社が戦没者の追悼の中心的な施設であるというふうには考えておるわけでございますし、靖国神社に対して、求めに応じて調査、回答するというのは、多くの遺族の方々が望んでいることだというふうに考えているわけでございます。具体的には私どもは、これは今先生がおっしゃいました遺族の心情援護に関する事務、こういうことに理解をしております。

「おやっ？」と思いますよね。「であるというふうに考えておる」ではなく「であるというふうには考えておる」と、微妙な副助詞「は」を入れているのを何と解読するかは国語学者でないとむずかしいですが、やんわりと前言を翻していることは確かです。

そしてさらに、7年後の1993年12月14日の参議院予算委員会では、細川護熙《もりひろ》内閣の武村正義内閣官房長官は、日本遺族会の意を体した尾辻秀久委員（自民党）から確認を迫られて、「戦没者追悼の中心的施設である」との認識は中曽根内閣のときの内閣官房長官談話の趣旨を踏襲した現内閣自身の認識であると言い切ることになります（資料【七〇二】）。

○尾辻秀久君　八月十一日だったと思うんですが、官房長官にお会いしました。そのときに、靖国神社は戦没者を追悼する中心的な施設である、これは自民党時代の靖国神社に対する官房長官談話で発表した公式見解でありますが、これは今度の内閣もそのまま引き継いでいただけますかというふうに申し上げたら、引き継ぎますとたしかお答えになったはずでありますけれども、これは公式にきょう認めていただけますか。

○国務大臣（**武村正義君**）　靖国神社への公式参拝につきましては、内閣総理大臣その他の国務大臣が国務大臣としての資格で専ら戦没者の追悼を目的とし、これをあらかじめ公にするとともに、神道儀式によることなく追悼行為にふさわしい方式によって参拝を行うことは、憲法二十条第三項に反するものではないとの認識に立っているものであります。

なお、公式参拝は制度化されたものではありませんので、今後公式参拝を実施するかどうかは、その都度諸般の事情を総合的に考慮をしながら各閣僚が判断すべきものと考えております。

○尾辻秀久君　私が今お聞きしたのは、靖国神社をどうするかということなんです。公式参拝のことは聞いていません。

○国務大臣（**武村正義君**）　済みません。戦没者追悼の中心的施設であると認識をしております。

○尾辻秀久君　これは内閣の公式な見解である、こういうふうに確認をさせていただきます。いいですね。

○国務大臣（**武村正義君**）　昭和六十年八月の内閣官房長官談話の趣旨を踏襲して申し上げております。

まるで1956年の逢澤寛議員（Q10）の〝手柄〟をしっかり学んだかのような、日本遺族会系議員のみごとな〝言質とり〟でした。

公式参拝合憲論を丸呑みにさせられた村山富市首相

1994年6月に成立した村山富市内閣は、前年に細川護熙内閣が成立して一時的に下野していた自民党が、単独過半数の議席は取れていない状況下、新党さきがけと社会党とを連立に取り込むことで与党に返り咲くという、奇策で生まれた政権です。長期低落傾向だった社会党にあえて首相の座を譲るという交換条件で、自民党が連立をもちかけ、成功したのです。社会党は甘い話に乗った代償として、従来の独自の主張のいくつかを放棄させられました。そのリストの中に靖国神社公式参拝違憲論も入っていたとは、改めて知ってみると驚きです。村山富市は首相の座の代償として、自民党の公式参拝合憲論を丸呑みにさせられたのです。憲法20条を尊重する者から見れば、ゆゆしき裏切りです。

このご都合主義的な見解変更は、1994年7月20日に衆議院本会議で公明党の石田幸四郎委員長から追及されましたが（資料【七〇五】）、さらにそのときの答弁を踏まえて22日の参議院本会議でも大久保直彦議員（公明党）から追及されました（資料【七〇六】）。

○**大久保直彦君**　靖国神社への閣僚の公式参拝について、総理は、我が党の石田委員長への答弁で、その都度諸般の事情を総合的に考慮して自主的に判断すると述べられました。この答弁は、総理、何事でございますか。この問題はまさに信教の自由と政教分離にかかわる憲法上の重大問題であり、その都度事情によって判断が変わってよいなどという問題ではございません。現に総理自身もこれまでそう主張してこられたのではありませんか。

総理、どのような状態なら合憲で、どのような状態なら違憲なのでしょうか、その基準を明確にお示しいただきたいと存じます。

○**国務大臣**（**村山富市君**）　内閣総理大臣その他の国務大臣の靖国神社公式参拝とは、内閣総理大臣その他の国務大臣が公的資格で行う参拝のことでございます。

内閣総理大臣の靖国神社公式参拝は、御存じのように、昭和六十年八月十五日に実施された後、昭和六十一年以降は諸般の事情を総合的に考慮し差し控えられているところでございますが、昭和六十年に実施した方式による靖国神社公式参拝は憲法に違反しないとの従来の政府方針は変わっておりません。

公式参拝は制度化されたものではございませんが、今後、公式参拝を実施するかどうかは、内閣総理大臣その他の国務大臣が、近隣諸国の国民感情など諸般の事情を総合的に考慮しながら、慎重かつ自主的に検討した上で決定すべきものと考えております。

これは明らかに官僚の作文をそのまま読み上げたものです。中曽根公式参拝以来、「分祀そそのかし型野党」が出現したり、反対に中曽根は生ぬるいという安倍基雄議員のような「もっと開き直れ型野党」（Q6）が出現したりして、靖国問題をめぐる自民党批判の足並みは乱れがちでしたが、社会党委員長で首相になった村山富市がこうなってしまったのでは、もう戦線はバラバラです。

そして1年半の後に、連立政権で義理チョコ的に首相の座をもらっていた村山富市が退任すると、あとは自民党の橋本龍太郎が首相の地位を継いで、「自社さ連立政権」は実質上、自民党単独政権の復辟《ふくへき》となり終わります。こうして、「政府自身が靖国神社を戦没者追悼の中心的施設であると認識をしており」、「公式参拝は憲法に違反しないとの従来の政府方針は変わっていない」が、ただ、「公式参拝は制度化されたものではない」から、「今後、公式参拝を実施するかどうかは、内閣総理大臣その他の国務大臣が、近隣諸国の国民感情など諸般の事情を総合的に考慮しながら、慎重かつ自主的に検討した上で決定すべきもの」だというのが、その後代々受け継がれる政府見解となります。２００９年から3年間だけ続いた民主党政権が、それを特に改めたという話もありません。

こういう政府見解を前提に思考していると、「公式参拝のない状態が長年続いているのは、近隣諸国の国民感情などに配慮した政治的判断の結果であり、外的要因によるものだ。日本国民の内発的、主体的な意思決定によるものではない」といった見方がだんだん優勢になってゆきます。

２００1年から２００６年にかけて小泉純一郎首相が「年1回参拝」をくり返し、靖国論議が第三のピーク（第一のピークは靖国神社法案のころ、第二のピークは中曽根公式参拝のころ）を迎えたのは、靖国論議にこういう狭い枠が嵌《は》まってしまったあとのことでした。

「歴史認識優先主義」の落とし穴

にもかかわらず今日、靖国問題の論争史を振り返って、１９８５年を日本人の歴史認識が遅れ馳せながら深まり始めるきっかけとなった年として、その〝光〟の面だけを強調する風潮が、左翼陣営ではいまだに優勢なようです。

確かに、それまであまりにも内向きにすぎた日本人の戦争観、とりわけ日中五十年戦争（Q12）が諸外国からどう見られているかについて鈍感だった感覚麻痺状態が、外圧によってようやく少し修正されるようになったのは本当でしょう。しかし同時にこの時期が、憲法の政教分離規定の意義をいかに深く学び、自分のものにするかという緊張感が〝進歩的〟陣営から失われ始めるターニング・ポイントともなったという〝影〟の面に、いまだに気づかない人が多いことを、わたしは嘆かわしく思います。

とりあえずまず〝光〟の面の話をするなら、それ自体は確かに、１００％ごもっともです。

そもそもわたしの世代が受けた小中学校の歴史教育では、明治以降の日本の歴史は、まずは「文明開化」「四民平等」「和魂洋才」「殖産興業」「富国強兵」というキーワードでまとめられる「欧米列強に追いつき、追い越せ」の時代として描かれていました。つぎに、日本が東アジアで初めての議会制立憲君主国となり、日露戦争に勝って条約改正を成し遂げたところまでは成功だったという話が来て、最後に、欲を出しすぎてアメリカと衝突し、無謀な戦争を始めた結果、本土が空襲されて原爆まで落とされる惨敗を喫したという話、――以上でだいたい教科書の話は尽きていました。おまけとして「以後の日本は平和主義国家として再出発した」と教わって、ハイ、終わりでした。

太平洋戦争を始める前にすでに日本は中国でも戦争をしていたという話は、ざっと触れられるだけで、それと太平洋戦争との関係は、あまり詳しく教えてもらえませんでした。明治以後のわが国の近隣諸国との関係が、一貫して、朝鮮半島を足がかりにして中国への侵略を進めた歴史であったことは、きわめて曖昧《あいまい》化されていました。小学生のときから台湾や朝鮮半島が戦前は日本の領土だったことは教えられていても、アメリカに負けた戦争の結果、どうしてそれらの土地まで外国になってしまったのかは、よくわかりませんでした。

Q12で紹介した1985年11月の衆議院外務委員会での、小林進議員（社会党）が政府与党の認識不足を正すべく熱弁を振るった、日中国交正常化交渉のときの中国側指導者たちの苦衷《くちゅう》という話（資料【六二五】、【六二八】）を読むと、「そういえばあの1972年当時、わたしはそんな事情はほとんどわかっていなかったなあ」と思え、かつ、自分が受けてきた歴史教育の知識だけでは、それをわかれというほうが無理だったなあということも、今になって痛感します。

しかし、こうした事情をきちんと知り、近隣諸国のあいだでの日本の置かれた立場を正確につかんだうえで現在および今後の諸問題に対処してゆかねばならないというのは、Q12で導入した言葉でいえばY軸の問題です。その歴史と重なり合いながら、明治維新から敗戦までの日本では、国民統合の精神的道具として天皇崇拝を軸に再編成された神社神道を諸宗教の上に置き、それは臣民としての道徳なのだから、私生活レベルで何教を信じている者でも、公民レベルではそちらにも帰属するのが当たり前なのだという、精神的二重帰属が規範とされていた歴史があることを、もうひとつ別に知る必要があります。それが「国家神道」であり、戦後はそれの否定として憲法20条が成立したのだから、「戦争の反省」のもうひとつの軸として、Y軸とは別に、「憲法20条の信教の自由と政教分離を守るか否か」というX軸があるのです。

赤澤史朗が指摘しているように、日本国憲法によって保障された基本的人権のうちでも、この20条に書かれていた権利を、GHQによる強制としてではなく、日本人自身の内発的・主体的な選択として守ろうという動きが活発化したのは、靖国神社法案が国会に上程された前後で、戦後20年以上の時を経てのことでした（赤澤I 149頁）。そしてその自覚が靖国神社法案の廃案後も保たれ、成熟してきた結果、中曽根「公式」参拝に対しても、外国がどうこう言うからという理由とは別の理由によって、きちんと批判しようという機運が存在したのです。

ところがここで、外国から批判があったことで新たに多くの人がY軸の存在に気づいたのはいいものの、それが論点取り違えの始まりになったという〝影〟の面に、目を向けないわけにはいきません。

「気づいた」人のみんながみんな、「X軸とともに、Y軸のことにも今後はしっかり目を配ろう」

という方向へと発展的に態度を改めたのであれば、それは結構なことです。が、現実はそうではなく、この発見を「Y軸の議論をこそ優先させるべきだ」という意味に取り違える人が出てきたのです。

「戦犯まで祀ってあるところに中曽根首相が公的な立場で表敬したとあっては、中国の人が怒るのは当たり前じゃないか!」という論旨で政府を厳しく追及した小林進議員が、勢い余って「分祀そそのかし型野党」になってしまったのは、その一例です。この人の場合は、脇は甘いが突撃力は抜群という、なかなか憎めない個性が感じられますから、勇み足のエピソードとして笑って済ますこともできますが、もしそうした主張が政党の組織的方針となったり論壇の主流になってしまったりしたら、それは立憲政治の観点から看過できない誤りです。

しかも、その誤りへと向かいかねない危うさが、ある種の怠惰と表裏一体になっているところに、わたしはとりわけ深刻さを感じます。

つまり、これまで憲法20条という第一ハードルを本来の高さに保つべく努力し、守備を固めていたはずの公式参拝批判勢力が、「外国から突きつけられた歴史認識」という第二ハードルが立ち上がったことを援軍のように受け止め、しかもその高さがなかなか高いことに気を強くして、「かりに敵が第一ハードルを跳び越えたとしたって、この第二ハードルは跳び越えられまい」と安心して油断するようになったのは、許し難い怠惰だと、わたしは思うのです。

そして「守るならこの第二ハードルの場所で守るほうがやりやすい」とでも思ったのでしょうか、第一ハードルを後方に下げてしてしまい、第二ハードルを前にもってくるような議論の立て方がだんだん増えてゆきます。これはじつは、自民党側がすでに用意していた「靖国問題とは要するに近隣諸国に対する外交的配慮の問題だ」という論点矮小化の土俵に乗せられることを意味していたのですが、それに気づかぬ人が多かったのです。

いったんこの土俵に乗ってしまうと、その時々の国際情勢に依存して、強く主張を押し出せる場合とそうでない場合とが生じてきます。外交政策の問題はもともと時の情勢によっていろいろな結論が導かれてかまわない問題であり、選択が悪かったとわかった場合は多数決によって修正してゆけばよい、相対的な問題です。それにひきかえ憲法が定める基本的人権は、あらかじめ立法権の限界を画し、また議院内閣制の多数決で選ばれた首相であってもそれに反する行為をしたら違憲無効となるという、行政的裁量の限界をも画するものです。政策か憲法か、どちらのハードルが前に置かれるべきかは論を俟たないはずです。

そこを踏まえない「歴史認識優先主義」は、やがてみずから墓穴を掘ったことを悟らねばならない時が来ます。

国際政治のパワーゲーム論への論点矮小化

「歴史認識」を憲法論よりも優先させる新しい切り口で、最初のうちは〝進歩的〟勢力の側が有利に議論を展開することができました。1980年代後半は、日中国交正常化からまだ15年ぐらいしか経っていない時代で、上野動物園のパンダに象徴される日中友好ムードが残っていました。日本の経済大国としての地位が安泰で、経済面で中国を脅威と感じる意識がなかったことも、「歴史認識」を呼びかける際に有利に働きました。過去の植民地支配と侵略の歴史のうち、それまで日本の保守派が封印してきた部分に光を当てる作業がジャーナリストやルポライターなどによって行なわれれば、それが若い世代からは新鮮な情報として素直に、また真摯に受け止められることが、今よりは多かったのです。

しかしその後、日本では１９９０年代に入ってまもないバブル崩壊、その後の経済の長期低迷、就職氷河期世代の発生などで、不安定な雇用環境下に置かれた若い人たちから心の余裕が失われ、不満のはけ口を提供してくれる排外主義的言説が受け容れられやすい時代がやってきます。その一方、中国のほうでは１９８９年の天安門事件以降、政治的指導者が自分たちに不満の矛先が向かわないように「愛国教育」に力を入れるようになったと言われ、「中国で若者の反日デモが盛り上がるのは愛国教育の成果だ。中国当局は表向き困った顔をしながら、それをうまく利用して日本に圧力をかけているのだ」という日本の保守派お好みの図式が、まんざら嘘でなく思える局面も、しばしば見られるようになってきます。

そんな情勢の中で、過去がどうというよりも、今現在の国際政治のパワーゲームの中で中国や韓国が「歴史カード」をどう切ってくるか、わが国は国益を考えた場合、どこまでそれを容認し、どこで踏ん張るべきかといった、純然たる外交問題としてのみ「靖国問題」を論じようという風潮が蔓延するようになります。これは論点の深化どころか、逆に矮小化です。

とりわけ、停滞を続ける日本経済が急成長する中国経済に追い上げられ、ＧＤＰで追い抜かれる日が近づくにつれて（実際に２０１０年に追い抜かれた）、この風潮は加速してゆきます。

「明後日の方向」に向いてしまった靖国論議

小泉純一郎首相の靖国参拝がくり返され、靖国論議がピークに達した2005年には、「靖国」というキーワードを含む書籍が玉石混淆で多数出版されましたが、中には便乗商法のような本もありました。とりわけおかしな方向を向いていたのは、その年の9月に対談形式で出された岸田秀《しゅう》×三浦雅士『靖国問題の精神分析』（新書館）という本でした。

岸田秀は心理学者で精神分析家。国家にも個人におけると同じようなコンプレックスやトラウマがあり、その結果卑屈になったり尊大になったり屈辱を晴らそうとしたりする、という仮説を前提に、国際政治を評論する人だそうです。対する三浦雅士は文芸評論家だそうです。

まず「靖国参拝は是か非か」と題された第1章で緒論を展開したあと、「日中問題の深層」と題された第2章で、岸田はあらためて「ぼくは靖国神社に参拝するのが良いというよりは、中国に注文をつけられたいまの段階で参拝を中止するのは良くないという考え方なんです」（86頁）と補足したうえで、話を先へ進めます。その主張の背後には、「中国こそ今やおのれに都合のいい〝大東亜共栄圏〟を作ろうとしている」とか、「清朝の末期に日本に先を越されたことのコンプレックスが彼らの今日の外交姿勢の遠因になっている」といった覇権国家の興亡論があるのですが、そこへ至る中途には、以下のようなやりとりがあります（105～106頁）。

岸田　ところで、靖国問題というのは、中国が日本と仲良くするために、日本人を軍国主義者と一般人民に分けたところからはじまっていると思います。最初にポツダム宣言がその論理に立ったわけですが、それがぼくは嘘だと思うわけです。いまの靖国問題というのはその嘘を維持するという前提に立っているわけです。小泉の靖国参拝に反対するのは、だから嘘の上塗りになるだけです。

三浦　新聞雑誌の論調では、A級戦犯を合祀したから良くないということですね。〔中略〕中国や韓国の論理がそうですから。〔中略〕中国についていえば、〔中略〕日本人民も被害者だという理論で行こうと言い出した以上は、それを貫こうとするでしょう。賠償しなくてもいいとまでいったわけですから。

〔中略〕

岸田　軍国主義者だけが悪かったんだ、日本人民もまた被害者だったんだというのは、日本国民全体としては、対中国侵略の責任から逃れているということです。悪い軍国主義者が悪いことをしたのであって、日本人民には中国を侵略する意図はなかったということでしょ。〔中略〕それは、やはり日本国民としては卑怯じゃないですか。日中戦争では志願兵が続々と駆けつけたわけですからね、徴兵もされないのに。強制されたわけじゃないのに、志願して中国戦線に行った兵隊も大勢いるわけですからね。

一方では「日中国交正常化のときの約束」に重きを置く〝進歩派〟の主張（Q12）の向こうを張って、それをなお中途半端だと批判し、日本人はまだ反省が足りないと言うかと思うと、それがどこでどうひっくり返ったのか、小泉首相はここで引き下がるべきではない（中国に甘い顔を見せるべきではない）と言い出すのですから、支離滅裂です。そもそも、靖国問題は日中国交正常化のときのフィクションがもとで始まったなどというのは、論点矮小化（あるいは無知）にもほどがありますが、その論点矮小化をかりに容認したとしても岸田の発言には矛盾がありすぎるので、三浦が突っ込みを入れます（108頁）。

三浦　だとすれば、岸田さんとぼくの考えはほとんど変わらないことになる。全員が謝る機会をつくるべきで、そのためにも誤解を招く靖国参拝はやめた方がいいということになる。そうではありませんか。

岸田　ただ、謝るべきだとしても、被害者には無限の権利があって、加害者はずっと頭を下げっぱなしで被害者の主張をぜんぶ認めなきゃいけないとか、被害者の指示するとおりの謝り方で謝らなければならないとかいうことになるなら、それは違うのではないかと思うんですよ。それじゃあ被害者に全権があるのか、という問題。

岸田は、日本はもっと国民全体で反省すべきだと言いながら、それなら左翼より徹底性のある戦争責任論でも展開し始めたのかと思いきや、ちっともそうではなく、むしろ「いったい中国や韓国は日本がどれだけ謝ったら気が済むのだ！」という、保守派によくある苛立ちを共有してしまいます。そのうえで、靖国神社はやっぱり必要だ、なぜならどこの国にだって戦争追悼施設はあるからという、国家護持運動以来の陳腐な主張にも賛同します（111～112頁）。

三浦　そのごまかしを取り去って最終的に解決するためには、なおさら靖国参拝はまずいんじゃないですか。まず第一に、靖国神社を廃止すべきだということになるんじゃないですか。

岸田　靖国神社が戦争を正当化する機能を果したというのは事実ですが、しかし戦争というのは国が起こしたわけで……〔中略〕国のために死んだわけだから、やはり弔うという施設は必要ですよ。〔中略〕名誉の戦死という観念のために利用されたというのは誤りだった。だけど、だからといって、靖国神社を廃止せよというふうにはならないと思う。それでは、完全無欠じゃないものは潰せ、ということになってしまう。マイナス点はあるけれどもそれは自覚して修正していけばいいのであって、戦死者を弔う何らかの神社が――日本はいちおう神道ということになっているから――あるべきだとぼくは思っています。潰せというのは反対ですね。

三浦は靖国神社が物議をかもす存在であることを認め、そこに公人が公的に参拝してみせることは日本の国益にもならないということは指摘するのですが、ならばどうすればいいのかについては「靖国神社を廃止すべきだということになるんじゃないですか」と、呑気なコメントを述べるだけです。靖国神社が戦後の社会に生き残るにあたって「宗教としての側面を保つかわりに公的な地位は要求しない」という誓約のもとに生き残ったという事実のもつ重みが、まったく理解できていません。

三浦がもしここで憲法20条に思いを致しているならば、まずもって「靖国神社がいろいろ問題性をかかえていることを指摘するのと、それを潰せと主張するのは、別のことだ」と気づくはずなのに、それを踏まえないで「廃止」などという言葉を持ち出すから、相手も「潰せというのは反対ですね」と的外れな応答をする結果になっています。

靖国神社はそれが一宗教団体であるかぎりにおいて、信教の自由を享受する権利がありますから、その権利の筆頭として何よりもまず「存続する権利」をもっています。国の政治レベルの意思決定がそれを侵すことなどできるはずがないのです。それを「できる」と考えている時点で、この対談全体がすでにして的を外れています。

そして結局、ああだこうだとまわりくどい話を展開するわりには、論じているのは「中国は日本と仲直りするにあたって、一部軍国主義者と一般人民は区別するというフィクションを使って円満に手打ちにしようとしたのであって、それは日本に対する寛大な譲歩なのだから、日本はありがたく呑むべきだ」という主張をどう評価するかの問題だけです。

そして「中国、大東亜共栄圏の野望」と題された第3章では、「日本も日本だったが、今の中国だって似たり寄ったりの覇権国家願望があるじゃないか」と言いたげな、平凡な保守派の主張へと、岸田の論は収束しています。

こんなものが「靖国問題」の議論だと称して堂々とまかり通るほどまで、靖国論議は「明後日の方向」に向いてしまったのです。

第三ハードルとしての「富田メモ公表」

こうして、（論点をあらかじめ外交問題へと矮小化しておいたうえで）「歴史認識」についての〝進歩派〟の主張を相対化し無効化する保守派の動きが強まり、第二ハードルそのものが若者のあいだで不人気になってきたころ、新たな情勢が起こります。小泉首相がまもなく自民党総裁としての任期を終えて退陣する見込みとなった２００６年の夏、後継総裁の最有力候補として浮上したのが極右的ナショナリストの安倍晋三。ほっておくと彼は小泉の靖国参拝の方針を受け継いでしまい、小泉参拝で高まった近隣諸国との緊張が解けなくなるということで、自民党支持の財界人のあいだですら、それだけは御免蒙りたい（安倍の登板は認めてもいいが、靖国参拝だけはやめてもらいたい）との意見が聞かれました。

そのときまるで「機械仕掛けの神」のように日本政治の舞台に降臨したのが「昭和天皇のお言葉」、つまり２００６年7月20日の日本経済新聞に大々的に報道された「富田メモ」です（Ｑ４）。それは、保守派内部の知恵者が意図的に持ち出した「第三ハードル」の観がありました。とりあえず〝進歩派〟もこれに相乗りしておけば当面は自分たちの立場を防御できるということで、ジャーナリズムもゴリゴリ右派以外は、それを尊重せよとの論調に傾きました。原理原則論からではなく、とりあえずこれが当面の一番有効な手だということで採用された便宜的な手段というべきものでした。

第3章　今こそ憲法20条を

「意表を突く論客」高橋哲哉の功罪

前章の最後に、２００５年の出版界は「靖国ブーム」に沸き、一夜漬けのキワモノのような本まで市場に出回ったことを述べましたが、少数ながら長年の地道な研究の成果を世に問うた良心的な本も、この年の前後に出ています。赤澤史朗『靖国神社――せめぎあう〈戦没者追悼〉のゆくえ』（岩波書店）はその代表ですが、売れ行きとしてはより手軽な新書判にまとめられた高橋哲哉『靖国問題』（ちくま新書）が圧倒的でした。

靖国問題を国際政治のパワーゲームの観点からしか考えない皮相的な意見が世にはびこる中、靖国神社の歴史を踏まえ、国家が死者を公的に追悼すること自体の問題性にまで斬り込んだ同書は、右派以外の知識人のあいだではおおむね歓迎されました。それから数年のあいだ、全国諸大学の講義要綱を見ると、靖国問題をテーマに取り上げている授業では、高橋のその本を必読文献に指定している例が多くありました。

その本の第1章に「感情の問題」と表題をつけた著者は、戦争で息子を亡くした親一人子一人の老いた父親が、悲しみに打ちひしがれていたけれども、軍主催の招魂祭に遺族として招かれて、わが子の死を誇りに思えるようになり、元気を取り戻して帰った（明治期の話）などというたぐいの話をいくつか掘り起こし、靖国神社のもつ役割には悲しみを喜びに転化する「感情の錬金術」（43頁）があったと指摘しています。

それとともに、もし「感情」を云々したいのであれば、旧植民地の人が、日本の戦争に駆り出されて死んだ親族が知らぬ間に靖国神社の〝神〟として祀られていたことを知って激怒し、合祀の取り消しを求めている例もあると紹介し、靖国神社をけがすなと主張する「靖国の妻」の感情と比べたときどちらが激しいか、一概に言えないではないかと読者に問いかけています（18頁）。

以下、この著者は各章に「〇〇の問題」と表題をつけ、靖国問題という複雑な〝立体〟を複数の視角からの〝投影図〟に描き分けることで、全体像を浮かび上がらせようとしていますが、どの章でも何らかのかたちで〝敵の背後を突く〟作戦に出て、叙述に説得力を持たせようとしています。

第2章「歴史認識の問題」では、外国からの「戦争責任」追及を前に「どれだけ謝ったら気が済むんだ！」といった苛立ちを表明しがちな近年の日本人の多数派（およびその影響を受けている未熟な若者たち）に対して、「まだ謝り方が足りない！」と嵩《かさ》にかかって正面から攻めるのではなく、敵の防衛ラインの背後に回り、敵が鉄砲を向けているのと同じ方向に自分も鉄砲を向けて、うまく一本取っています。例えば東京裁判について、「あんなものは裁判の名に値しない茶番劇だ」と言いたがる人たちの背後に回って、「そうだともそうだとも、茶番劇だよ。だって、天皇の戦争責任は不問に付されたし、[*1]七三一部隊の戦争犯罪もアメリカとの取り引きで不問に付されたんだから（取意）」というわけです。また、責任追及される時代の幅も、東京裁判では昭和初期に限定してもらったが、日本の中国侵略は日清戦争とその後の台湾征服戦争の時代から始まっているではないか、とも書いています。そのときの「理蕃」と称する原住民虐殺の実態をほかならぬ『靖国神社忠魂史』から紹介し、靖国神社が祀っているのは返り討ちに遭った日本兵だけで、原住民の犠牲者は一顧だにしていないではないか、とも書いています。それらを十分に叙述したあとで、現在の中国はそれらの中でいわゆるA級戦犯だけに責任者を限定して、せめてその連中を公的な立場で表敬の対象とするのだけは控えてくれと言っているのだから、大幅な譲歩ではないか、と指摘するわけです。

そのあと、高橋は第3章を「宗教の問題」と銘打って、裁判でテーマとなる政教分離を手がかりに宗教としての靖国神社というテーマへと進み、靖国神社への参拝は宗教というより社会的儀礼だというよくある主張（Q8と同じ）に目配りして、それがじつは、戦前の国家が使っていた「神社非宗教論」の焼き直しであることに注意を喚起しています。

そうした〝逆張りのレトリックを駆使した論法〟の締め括りが第5章の「国立追悼施設の問題」で、もし靖国神社のもつ政教分離がらみの難点をクリアした無宗教の国立戦没者追悼施設を日本が持つことになったら、それは靖国とは違って危険性のないものだから肯定できると言えるのか、という問題を立てています。

この点について高橋は、その種の施設一般が（宗教性があろうとなかろうと）体現する「国のための死を美化する思想」に対し、鋭敏な警戒心をもつ必要があることを強調します。その観点から、菅原伸郎編著『戦争と追悼』に寄稿された稲垣久和の論考「公共性から新追悼施設を考える」をとりあげ、それが２００２年の「追悼懇」の報告書（Ｑ８）よりも市民的観点を強調した提案であることは認めつつも、それでもなお賛成できないとしています（２０９〜２１０頁）。

現に宗教に中立的な施設として一部の宗教者や平和運動家から評価され、靖国の「対抗」施設のように受け止められることもある千鳥ケ淵戦没者墓苑だって、そこで国家レベルの儀式が行なわれる際の光景を観察すれば、相当程度に殉国賛美的思想がうかがわれ、「第二の靖国」と言っても過言ではない姿になっていると高橋は指摘します（２２３頁）。さらに、新しい戦没者追悼思想を体現する希望の星のように思われている沖縄の「平和の礎《いしじ》」ですら、そこを米大統領が訪れて日米同盟を賛美した事実などを考えると、けっして油断はできないというふうに、追悼行為がはらむ国家主義的な要素に対して、神経過敏と思えるほどに警戒の姿勢をとります（２２５頁）。

そして、かりにそういう公的追悼施設を設けるのなら、それが危険なものにならないための前提条件が満たされねばならないとして、その条件をつぎのようにまとめています（２１１頁）。

このような観点から見て、「国立追悼施設」が新たな戦死者の受け皿にならない必要条件とは何か。それは、この施設における「追悼」が決して「顕彰」とならず、国家がその「追悼」を新たな戦争につなげていく回路が完全に断たれていることである。具体的に言えば、国家が「不戦の誓い」を現実化して、戦争に備える軍事力を実質的に廃棄することである。また「不戦の誓い」が説得力をもつためには、「過去の戦争」についての国家責任をきちんと果たすことが必要である。

最後のセンテンスの「国家責任をきちんと果たす」は大いに納得できます。しかし、その前のセンテンスに唐突に出てきた提言は、かつて唱えられはしたけれど、実現へ向けてのステップは一歩も踏み出せなかった「非武装中立論」の単純な復唱の観を呈しています。究極の理想としてそれを掲げ続けることを冷笑してよいとは思いませんが、現実政治上の選択としては、いまだそこへ向けてのロードマップを思い描くことさえできないのが日本の現状でしょう。何しろ、米占領軍に居座られたまま徹底的な対米従属国へと仕立て上げられてしまい、政治外交の自主的決定権をほとんど奪われているに等しいのですから……。

それに、このような主張を唐突に掲げるのは、現実政治の舵取りから遠く離れた大学教員という地位にいることを利した安上がりな〝ええかっこしぃ〟だと非難されたとき、著者はどう答えるつもりなのかも、気になります。とりわけ、「近隣アジア諸国は逆に軍拡へと走っているときに、わが国だけが軍備縮小をすればつけ込まれるだけではないか」との、おなじみの右翼的な反論にさらされたとき、どう答えるのか？

さらに言うならば、「靖国的な殉国思想ばかりをあなたは非難するが、韓国にだって中国にだって、解放の英雄を顕彰する施設はあるではないか」との反論も、当然予想されます。

実際、それをあらかじめ予想していたのか、高橋は前に引いた文よりもさらに前の箇所で、近代国家が国のための死を顕彰するのは、ナポレオン戦争以後の文明史的な共通性をもった現象であることを認め、靖国神社だけが特異なのではないことを認めています（199〜200頁）。

こうして見ると、それぞれの国で宗教的背景や世俗化の度合いなどに違いはあるが、そうした各国の特殊性を削ぎ落としてみれば、ここにあるのは、各国が自国の戦争を正戦（もしくは「聖戦」）とし、そのために死んだ自国の兵士を英雄として褒め讃え、他の国民にも後に続くことを求める「英霊祭祀」の論理そのものである。この論理は、西欧諸国と日本との間で共通しているだけではない。日本の首相の靖国神社参拝を批判する韓国や中国にも、このようなシステムは存在する。

韓国ソウルの国防省前には巨大な戦争紀念館があり、ここでは古代から現代まで外敵との戦争で斃《たお》れた人々が文字通り「護国の英霊」として顕彰されている。また、同じくソウルの顕忠院と呼ばれる国立墓地には、朝鮮戦争における韓国軍の多数の戦死者が、対日義兵闘争の死者や上海臨時政府の死者らとともに葬られているが、この墓地の慰霊の語りも「護国の英霊」への顕彰に貫かれている。中国であれば、北京郊外の盧溝橋に抗日戦争紀念館があり、遼寧省瀋陽には九・一八事変（＝「満州事変」）紀念館があり、そうした代表的な抗日戦争紀念館ではどこでも、祖国防衛のために日本軍と戦った「愛国烈士」たちの顕彰展示が行なわれている。たしかに、靖国神社が正当化している侵略戦争と、中国の抗日戦争や韓国の義兵闘争のような防衛戦争とでは、戦争の性格が異なる。戦争の性格の相違は、それぞれの施設の特殊性をなす要素のひとつとなっている。しかし、戦没者追悼と英霊祭祀のシステムに注目すれば、侵略戦争よりも自衛戦争を記念する場合のほうが、「祖国のために死んだ」兵士を讃えようというベクトルは強まるであろう。

これに対しては、当然、つぎのような意見が出るでしょう。「そこまでわかっているのなら、なぜ日本の追悼施設案の場合だけを特に危険視し、非武装中立が実現するまでは国立追悼施設は造るべきでないというような極論を主張するのか」、「『侵略戦争と、それに立ち向かった自衛戦争や義兵闘争とでは、同じく血を流す戦いといっても、内容の質が違う』とあなたはおっしゃりたいかもしれないが、流血の戦いにおける正邪の別は、しょせん程度問題ではないのか？　被抑圧者だったグループが、解放の英雄を讃えつつ、それをバネにして新たな抑圧者として歴史の舞台に躍り出るのは、人類史上何度もくり返されているありふれた現象ではないか。早い話が、イスラエルを見よ。第2次大戦中の民族の大受難を記念しつつ、彼らが今現在やっているのはパレスチナ人への迫害ではないか」

結局、2005年の「靖国ブーム」の中で世に出た本の中では稀な良書というべき高橋の本も、その、あまりに〝逆張り〟を利かせすぎた論調が、賛同者には快刀の切れ味のように思えた半面、賛同しない人から見ると、素朴な一般人のもつ心の襞《ひだ》を強引にアイロンがけして取り除こうとするような、押しつけがましい本と感じられ、反感を買ったようです。そして実際、あれだけよく売れ、大学の授業で必読文献に指定された例も多いにもかかわらず、大局的な世論の動向がこの本によって左右された形跡はありません。小泉退陣後の後継首相（たち）の靖国参拝が押しとどめられたのは、この本の力によってではなく、昭和天皇の没後17年の「第二の玉音放送」とも言うべき「富田メモ」報道の力によってでしかありませんでした。

＊１　東京裁判の１９４７年12月31日の法廷で、東条英機が「日本国の臣民が、陛下のご意思に反してかれこれするということは、あり得ぬことであります。いわんや、日本の高官においておや」と、うっかりバカ正直なことを言ってしまったあと、戦犯を訴追する側であるはずのキーナン検事が、それを文字通りにとると天皇に累が及ぶことになるので、何とか取り消させなければと、正月返上で裏工作をして、天皇訴追を最終的に食い止めたというエピソードがある（小島襄『東京裁判』下巻１２０～１２５頁）。大東亜戦争肯定論者とは逆の立場から「東京裁判は茶番劇」と指摘することもできるわけである。

政教分離は手段視されてよいか

右に見てきたように、高橋がいったんは日本国憲法の政教分離規定のもつ画期的な意義へと議論を引き絞っておきながら、最後の第5章で、じつは宗教性があろうとなかろうと、およそ国のための死を美化する思想そのものが危険なのだと、批判のターゲットを拡大してしまったことは、本全体の説得力をかえって弱める結果になっていると、わたしは思います。韓国や中国にだって英霊顕彰システムはあるじゃないかという予想される反論を先取りして、その実例に言及するかたわら、ならばそれらのもつ危険性を世界標準に立って公平に批判しているかというと、そうでもありません。結局、日本の場合は植民地支配と侵略戦争という実績をもつ「前科者」だから、そういう国が作ろうとする戦没者追悼施設は、他の国の場合にも増して特に警戒されてしかるべきだと高橋は言いたがっている感じがします。

そう理解すると、先立つ第3章での高橋の論述も、政教分離はそれ自体として大切にされるべき価値があるから厳格に守ろうと呼びかけるよりも、侵略戦争のための国民精神動員装置であった靖国神社をいまだにかかえている日本の特殊事情があるから、そのこととの関係で政教分離という規範に価値を認めるのだ、と言っているかのように読めてしまいます（そう読まれるのは著者の本意ではないかもしれませんが）。

言い換えれば、政教分離はこの問題を考える際のひとつの通過点であって、より大切なのは、日本は過去に近隣諸国に対して何をやってきたかという「歴史認識」のほうだ、と。

これと似たように、政教分離は闘いの手段として重要ではあるが、めざすものはそれを超えた先にある、とする考え方は、高橋と名を連ねる機会の多い浄土真宗大谷派僧侶で宗教学者の菱木政晴の書き物においては、より端的に表現されています。

この人の場合、自己の属する浄土真宗という教団自体の戦争責任にからめながら、その歴史をどう総括し、どう乗り越えるかを模索してきたという経歴があり、靖国イデオロギーという思想の内実をどう否定するかが、つねに念頭にあるようです。多くの政教分離訴訟にかかわってきた体験もあって、それらの訴訟で原告となった人たちの多くは反戦平和運動に実質的な軸足を置いており、その闘いの武器として憲法20条の政教分離規定をあとから発見したのだということも正直に述べています。それらを踏まえて、憲法の政教分離規定は、抽象的にそれ自体として尊重されるべきものとしてあるのではなく、何よりも反戦平和という具体的な課題との関係でその意義をとらえなければならないものだ、と考えているようです。

例えばつぎに挙げる2箇所の論述にそうした態度が現われていますす(『市民的自由の危機と宗教』52～53頁、91頁)。

箕面忠魂碑訴訟の場合、訴状には、二〇条違反、八九条違反っていうものはもともとはなかった。あまり展開してないんです。むしろ、請求の根拠となる条文としては、前文、一条、九条だったんです。つまり、忠魂碑はまず天皇に対する忠義ということだから、主権在民を規定している憲法一条に違反するし、平和を希求する前文に違反する。それから九条に違反するというわけです。しかし、忠魂碑が九条に違反するといったって、あれは普通に見れば軍備じゃないでしょう。〔中略〕レトリックとして「忠魂碑は軍備だ」ともいえるけれども、通常の意味では碑は軍備ではないですよね。

ところが、忠魂碑が宗教施設だということに着目すれば、これに移設費用を出すとか、あるいは慰霊祭の費用を出すとか、そういうことは政教分離違反なんだということで止めることができるのではないか。日本の政教分離訴訟の流れとして、忠魂碑を倒すには、九条で倒すよりも、二〇条で倒すほうが早いと気づいたことが、まず第一段階です。

すなわち、日本における政教分離違反あるいは政教癒着とは、事実上「国家神道」の問題にすぎない。そして、国家神道とは、宗教と侵略戦争が重なるところに現れる。だから、反戦・平和運動を担う市民たちは、いずれ「国家神道」に出会うことになる。

このような、憲法制定過程における「国家神道の克服」という具体的動機を重視し、その立法者意思に注目する態度は、法学者平野武が箕面忠魂碑訴訟一審判決への批評として述べている「わが国において政教分離原則の適用について厳しい立場をとる根拠としては、わが国の政教分離原則の歴史的意味についての認識を明確にすべきであったといえよう」（『政教分離裁判と国家神道』43頁）という論述と通じるものであり、それ自体は有意義な主張だと思います。

ただ、このような主張は、保守寄りだった宗教学者（かつ日本占領史研究者）阿部美哉《よしや》のつぎの主張と紙一重であり、使い方によっては「今さら占領下でもあるまいに、政教分離を杓子定規に守る必要はない」という正反対の実践的結論にも結びつくことに注意が必要です（『政教分離』74頁）。[*2]

政教分離は、すでに詳述したように、戦争中から政策立案者が熟慮した結果でてきたものではない。それは、占領の現場で、「軍国主義」を払拭するという目的を達成するための手段として導入された規定であった。ところがこの原則は、「神道指令」を継承する形で、「軍国主義」の復活を防御する目的で、その範例とされたアメリカやフィリピンの憲法よりもさらに厳格な形で、日本国憲法に組み込まれたのである。政教分離が、「神道指令」の起草過程において出てきたもので、アメリカ本国で長期にわたって企画された占領政策の中心的な目的のなかには含まれていなかったことは銘記されてしかるべき事柄であると思われる。

＊２　この阿部美哉の文は初出が１９８０年という古い文なので、占領史研究のその後の発展を踏まえた場合、内容にどこまで妥当性があるかは疑問である。ここではただ「阿部はこう言っている」とだけ紹介しておく。

周回遅れのトップランナーとなった「対外配慮主義」

前章で、１９８５年の「中曽根公式参拝」に続く20年ほどの時間の流れに沿って、靖国論議の重点の置き所がどう変遷していったかを跡づけ、最初は〝進歩的〟主張として登場したはずの「歴史認識優先主義」が、結果的には自民党の思うつぼに嵌《は》まってしまったのではないかという私見を述べました。

高橋哲哉の『靖国問題』が出た２００５年4月は、中国で「小泉靖国参拝」を主たるターゲットとした反日デモが吹き荒れた時期と重なっていますが、その情勢を機敏にとらえた『文藝春秋』７月号は、「国論を二分する大激論」として「小泉首相『靖国参拝』是か非か」という特集を組み、識者81名からのアンケートへの回答を並べてみせました。アンケートの構成は「①小泉首相は靖国神社参拝を取りやめるべきか否か。②その理由、および中国の反日暴動をどう考えるか」の2問。設問そのものがあらかじめ靖国問題を「小泉参拝に対する中国の抗議は正当か否か」の問いへと集約した、誘導尋問的色彩の濃いものになっています。結果として、「取りやめるべき」と答えた者も大半は外交上の利害得失を賢察せよという次元でしか理由づけを行なわず、「参拝すべき」と答えた者にあっては「そもそもあの中国という国は……」と大上段に振りかぶった「文明の衝突」的視点が理由づけの半ばを占めるに至っています。極端なものになると……

「今度は、日本に侵略された中国が日本を模倣し始めた」（岸田秀）。「世界中の民主的な国々は、……中国人のような野蛮な行為はしないのです」（井沢元彦）。「中国人と日本人は、同じ人間とは言えないほど、まったく違います」（岡田英弘）。「敵の墓を暴くのが大陸だ」（平川祐弘）。「もともと民度が高い国とは思えない」（赤塚行雄）。「チャイナが外国、とくに近隣諸国に対して、同じ平面に立って対等に友好の方針をとった例は過去に一度もない」（谷沢永一）。「非礼の国、名だたる中華思想の国に今更何を言っても仕方は無い」（石堂淑朗）。「シナ人は、他人の内面にまで口出ししないでもらいたい」（徳岡孝夫）。「中国人は敵を殺して肉を食らい魂まで食う」（屋山太郎）。

この種の言説の横行をすでに予測していたであろう『現代思想』は、8月号で「特集・靖国問題」を組み、靖国の戦後史を追い続けてきたルポライターの田中伸尚《のぶまさ》を高橋と対談させる記事（「〈靖国〉で問われているもの」）を筆頭に、前述の菱木政晴や、日本思想史学者の子安宣邦《のぶくに》など、この問題に造詣の深い豪華執筆陣を動員して、それなりに強いカウンターパンチを打ち出しましたが、そこでの高橋は、政教分離を眼中に置かない皮相的言説の横行をこそまず撃つべきことに、あらためて気づいているようです。その意味では『靖国問題』での重点の置き方を、その後の情勢にかんがみて若干修正したのかもしれません。語り出しはこうなっています（48～49頁）。

高橋　今朝（二〇〇五年六月二八日）の『朝日新聞』の世論調査で、「靖国参拝を首相は中止すべきだ」という人が五二パーセントで、過半数を超えました。この間、数字が次第に上がってきています。私も首相の参拝を中止すべきだという考えですが、ではこれでいいのかというと、そうとは言えない。

世論調査では、最大の理由として「周辺国への配慮」が挙がっています。これはこれで大事ですが、この調査にはそもそも「政教分離の憲法原則に違反するから」という選択肢がない。「特定宗教の施設だから」という表現になっていて、これを理由に挙げた人は三パーセントしかいない。

とすると、参拝中止がいいと思っている人も、中国・韓国からの批判がなければ、参拝してよいと思っていることになります。日中首脳会談がずっとできず、中国の副首相に日本の首相との会談をドタキャンされ、過去のことは韓国からは持ち出さないと言っていた大統領に一転して厳しく批判され、六月二〇日の日韓首脳会談でもほとんど喧嘩別れになった。日中、日韓関係がここまで悪化してきて、ようやく「周辺国への配慮が必要」となってきた。では、ここまで来なければ参拝していいのか。

「周辺国に配慮が必要だから参拝を中止すべきだ」という人は、逆に言うと政教分離原則を重視していない。「周辺国」の批判は日本の侵略の過去に関する歴史認識に向けられているわけだから、もちろん配慮しなければなりません。しかし、仮に他国の政府が批判を遠慮したとしても、日本国の問題として、政教分離という根本問題があるはずです。それも憲法二〇条三項、八九条があるからというだけでは足りない。「憲法があるから」というだけでは、「その憲法は他国の押しつけだから」とか、「では憲法を変えよう」という議論に対抗できない。

政教分離原則は、単に「もろもろの人権のうちの一つである信教の自由に関連した一規定」というものではありません。日本人自身が、旧「大日本帝国」と敗戦後の日本国との関係をどう押さえるのか、という根本問題にかかわる原則ですね。でもそれが戦後ずっと曖昧《あいまい》にされてきた。様々な形の「憲法番外地」、たとえば「憲法九条番外地」が沖縄を中心に至る所にありますが、「二〇条三項番外地」も残っていて、その最大の象徴が靖国です。

討論の内容は多岐にわたっていますが、小泉参拝が始まったころから特に目立つようになったメディアの劣化についても、二人はつぎのように意気投合しています（57〜58頁）。

高橋　メディアの問題は大きいですね。小泉首相の参拝について、中国・韓国からの批判を呼ぶから問題、とメディア自体がそういう報道しかしない。

田中　最近ことに「国益」という言葉が頻出しています。ことに靖国問題では、国益の視点から首相の靖国参拝は慎重にすべきだとか、しばらく見送るべきだとかいう言説が目立ちます。冒頭の世論調査にも、それが出ています。これは国家が特定の宗教に関わってはいけないという靖国問題の本質のすり替えになっています。

高橋　政教分離の観点から論陣を張っている大新聞が一つもない。中国・韓国からやられているけどどうするかという視点が圧倒している。メディア自体がこの問題でも変わってきています。

同じ特集号に寄稿している菱木政晴（「靖国をめぐる状況は変わったか」）のほうは、「したがって、靖国問題に対して宗教的にアプローチするとすれば、政教分離という側面はむしろ二次的なものであり、『聖戦・英霊・顕彰』という靖国の宗教的内容に対する批判的なかかわりに力点が置かれねばならない」（105頁）と、若干の温度差がありますが、いずれにしても、憲法問題を素通りして「外交的配慮が必要」などの理由づけを前面に押し出す議論は国民をミスリードするにも程がある、とする点では菱木も高橋と共通です。

当時のマスメディアの主流の論調は、「『周辺国』の批判は日本の侵略の過去に関する歴史認識に向けられているわけだから、もちろん配慮しなければなりません」という高橋の発言の中にある「もちろん」の部分を最小限満たすかたちで、一応小泉首相には苦言を呈しておこうという微温的なもので、これを「対外配慮主義」と名づけておきましょう。それは、政教分離は闘いの手段として重要ではあるが、めざすものはそれを超えた先にある、と説く菱木の徹底した「歴史認識優先主義」と、一応同じ方向に向いてはいるものの、政教分離の大切さに気づかないままそれを素通りしている（あるいは「それのはるか手前に留まっている」）という意味で決定的に異なります。菱木がトップランナーなら、「対外配慮主義」は周回遅れのトップランナーです。マスメディアの主流は、販売部数を気にしてか、スポンサーのご機嫌を伺ってか、この「当たり障りのない」周回遅れのトップランナーを本物のトップランナーであるかのごとく報道しているうちに、自分自身も何が問題の本質かを見失ってしまったように思えます。

残念ながら「マスメディアの覚醒」はなかった

第1次政権時代（2006年9月26日〜2007年9月25日）に靖国参拝を果たさなかった安倍晋三は、参拝阻止要因となった「富田メモ」（Q4）の存在にもかかわらず、何とかして、再び政権の座についたなら念願の「首相としての靖国参拝」をせめて一度は敢行したいと、執念を燃やし続けているようすでした。だから、2012年末に彼の再登板が決まると、世間の靖国論議も一時的に少しだけ活気を取り戻しました。

その段階で出てきたのが2013年8月10日の「駒野エッセー」（Q2）です。これはむしろ、来たるべき安倍参拝に対して起こるかもしれない批判をあらかじめ極小化しておいてあげるという、手の込んだ対安倍サービスというべきものでした。

その後、8月15日参拝は避けたものの、なお靖国参拝に固執しているらしい安倍首相への牽制として、10月3日にアメリカのケリー国務長官とヘーゲル国防長官が千鳥ケ淵戦没者墓苑を表敬訪問してみせるという事件もありましたが（Q10）、その警告を振り切って安倍首相は就任後ちょうど1年にあたる12月26日に靖国参拝を実行します。そして予想どおりのアジア諸国からの抗議に加えて、それまで口出しを控えていたアメリカ政府が駐日大使館を通じて安倍の「近隣諸国との関係を悪化させる行動」に「失望している」とのコメントを発表するというおまけまでついて、ひとしきり波風が立つことになります。[*3]

しかし結局、これが安倍政権下で靖国が話題になった最後の機会でした。

当時の情勢の総括として２０１４年８月に内田雅敏『靖国参拝の何が問題か』（平凡社新書）が出版されていますが、その中で著者が、安倍参拝を期に「マスメディアの覚醒」があり、「Ａ級戦犯分祀論にとどまっていた」メディアの論調が「歴史認識を問うものへと深まった」かのように書いているのは（62〜66頁）、違和感を禁じえません。「Ａ級戦犯分祀論」などというのはもともと「箸にも棒にもかからない」主張であり（Ｑ２）、メディアの論調がそのレベルに「とどまっていた」というよりは、むしろ「そこまで退化してしまっていた」と評するべきです。そして著者の言う「マスメディアの覚醒」は、先のたとえで言うなら「周回遅れのトップランナー」が若干スパートしたという程度の話です。いずれにしても「Ｘ座標」を問題にせず、「Ｙ座標の正負」しか眼中にない中での、「もうちょっと座標をプラス寄りに」という程度の動きでした。「覚醒」とはとうてい評せません。

マスメディアを批評している著者自身が、「靖国問題とは憲法二〇条の政教分離問題でなく、歴史認識問題なのである」（41頁）と言い切ってしまっている段階で、評価軸づくりに失敗している観があります。この人は、菱木政晴的トップランナーの思想からの影響を良い意味で受けると同時に悪い意味でも受けてしまい、この問題を論じる際の憲法的視点の重要性を見落としてしまっているようです。

＊３　このとき近隣アジア諸国からばかりでなく、アメリカからも批判があったことについては、日本人の中では「納得できない」とする意見がかなり強かった（中村香代子「戦死者の弔い方：日本の弔いの言説

と国際評価」『國學院大學栃木短期大學紀要』第50号所収、117頁)。アメリカの批判は抑制の利いたマイルドなものであったにもかかわらず、日本人の多くが「味方と思っていたアメリカまで中韓の肩を持つとは、……裏切られた」と言わんばかりの感情的反発を示したのは、先立つ10月3日のケリーとヘーゲルの千鳥ケ淵表敬の意義を国民の目から隠したマスコミの(おそらく意図的な)怠慢と大いに関係があるとみられる。また、そもそもこのときの安倍参拝に対しては、各種世論調査の結果によると、参拝を「評価しない」と答えた者の割合が多いにもかかわらず、その理由の多くは「外交的配慮に欠ける」であり、単純集計に戻ってみると外国の抗議を「納得できる」と答えている者が少ないことからみて、「外国の抗議そのものは納得できないが、現にそういう抗議が起こる以上は、首相は波風を立てないようにしておくほうがよかった」という意見の者が全体の中でかなり多かったと思われる。右記の中村論文はこの状況を「批判する側も批判される側も争点や問題の妥協点を見出しきれずに、メディアは対抗的ナショナリズムを煽っているようにも思える」と総括している(118頁)。

やはりあくまでも「宗教」として論じるべきである

後に紹介するように、1985年以降、靖国神社への国のかかわりの是非論は、公式参拝の是非論よりもさかのぼって、過去の「合祀事務協力」がそもそも違憲ではなかったかという論点をも加えたバージョンで、新たな展開をみせているのですが、なぜそれがいけなかったのかを論じるにあたって、靖国神社が民間の一宗教団体であるから(それゆえに国の肩入れは憲法20条に抵触するから)という理由にも増して、靖国神社が国民の精神を侵略戦争へと動員するための(宗教とは名ばかりの)

政治的施設であったからという理由を挙げ、後者のほうが――つまり、靖国神社のもつイデオロギー的中身の〝悪さ〟のほうが――実質的には重要だと言い切ってしまうのは、一見わかりやすそうでいて、じつは危うさを秘めています。

この点については、高橋哲哉のほうが菱木政晴よりは慎重に考えているようです。戦前の国家が「神社非宗教論」という言い訳のもとに国家神道を一般の宗教より一段上に置き、国民全体に強制した歴史に鑑みて、その再来を許さないためにこそ日本国憲法では厳格な政教分離が定められたのだということを重視するかぎり、国との結びつきを警戒されている国家神道がそれ自体ひとつの「宗教」であることを確認し続けることは、ゆるがせにできません。

このことには、菱木もやはり気づいてはいるようで、例の寄稿文の中で、先に引用した箇所に続けて、つぎのように言っています（105頁）。

靖国神社という施設は確かに政治的軍事的な施設であり、宗教とか教義という言葉を使って説明しても、何か違和感を与える人為的なところがある。しかし、これはやはり「宗教」と呼ぶのが適切なのだ。親族が「英霊」として「顕彰」されることによって癒され、宗教的な満足を得ているとみなすほかはない人がいるからだ。この人たちは、やはり、靖国を尊崇しており、それに信仰を持っているというほかはない。この施設を政治的に変更しようとしても、その尊崇や信仰は弱まることはなく、むしろ強化されるだろう。カルト宗教の被害者は、自分が被害者であるとは自覚していない。むしろ、そのカルト宗教に魂を救済されたと信じている。だから、カルトの被害者は、被

害を自覚するまでは、伝道者という加害者である。〔中略〕
宗教を否定するには、政治的な言説は不適切である。宗教は、宗教的な自覚によってしか否定できない。

ここで菱木は、「カルト宗教」という言葉を使っていることからもわかるように、世間の人が時として安易に用いる「あんなものはカルトであって、宗教じゃない」という言説には与《くみ》しない立場をとっています。社会の多数を占める人々からは「あんなおかしな教義をもっている団体なんて……」と眉をひそめられるような「カルト」であっても、それもまた「宗教」のうちであり、それだからこそ、国がそれに肩入れをすれば憲法20条、89条の観点から違憲と判定されるということ、そしてそれは、「その宗教の説く教義の内容が〝悪い〟ものであるから」ということを必ずしも意味してはいないということ、これが重要なのです（もちろん、布教活動の名の下に教団信者が刑事事件を起こし、他人の生命・財産を毀損するようなことがあったりすれば、それは、営利企業の従業員がやっても公益法人の職員がやっても罰せられるのと同じ基準で、裁かれねばなりませんが……）。

それと同時に、日本国民のうちかなり多数が「それはとても結構なものだ」と感じるであろうような宗教施設——例えば「世界平和祈念大仏舎利塔」というようなもの——でも、国会が多数決でその造立を決め、予算をつけたりすれば、あるいは私人が私費で造立する場合でも、用地を国や地方自治体が無償貸与したり、市価より低い賃貸料で貸与したりすれば、やはり憲法20条、89条の観点から違憲と判定されるのです。[*4] 憲法の定める信教の自由は多数決をもってしても奪ってはならない自由権のひとつであり、政教分離はその自由を確実に保障するためにあるのだから、こと宗教に関するかぎり、世の多数派が「善し」とすることであっても国が肩入れをしてはならない、――この点を再確認することこそが、「近隣諸国との外交上の軋轢《あつれき》を生み、国益のためにならないから」というような理由づけよりも優先されるべきなのです。

＊4　２０２１年2月24日、最高裁大法廷は、「一般社団法人久米《くめ》崇聖会《そうせいかい》」の所有する孔子廟の敷地を那覇市が同法人に無償貸与していたことを違憲として市民が訴えていた住民訴訟に対して、原告の主張を認める違憲判決を下した。この訴訟の原告が那覇市政の親中的な姿勢を快く思わない政治的立場に立つ者であったため、翌日の新聞報道では、保守系の産経新聞が原告の勝訴を祝うと同時に、同判決の政教分離尊重の姿勢が靖国問題へと延焼するのは防ごうとする、マッチポンプのようなアンビヴァレント（愛憎同居的）な社説を載せたり、リベラルの砦のように思われている東京新聞が「文化を萎縮させせぬよう」と題して判決に懐疑的な社説を載せるといった、珍現象がみられた。しかし、憲法の政教分離規定の適用は、あくまで、原告・被告の政治的立ち位置をどう評価するかとは独立に論じられるべきであろう。なお、この問題については塚田穂高「那覇孔子廟政教分離訴訟――最高裁違憲判決の意味」『世界』２０２１年5月号10～14頁、が取り上げている。

戦争中のアメリカ国務省文書は靖国神社をどう見ていたか

ここで、第1章で紹介した靖国神社戦後改革の歴史に、補足の情報を加えておきましょう。

今日、GHQの日本占領時代の諸改革について研究している専門家のあいだでは広く知られている史料として、アメリカ国務省の「PWC―115」という文書があります。合衆国政府は太平洋戦争中の早い時期から、日本を敗北させたあとで実施すべき占領政策のあり方について、種々の委員会を設けて検討を続けていましたが、そのうちのひとつとして国務省に置かれた「戦後計画委員会（PWC）」の、さらに下部機関である「極東に関する部局間地域委員会」が、陸海軍省からの質問に答えて、1944年3月15日に作成したのがこの「PWC―115」です。表題は「日本――信教の自由」。現在ではオンラインで閲覧可能になっています。[*5] 英語の得意な人は直接原文を読んでみるようお勧めします。

文書はこんなふうに始まっています。

日本――信教の自由

問題

問題は、宗教としての神道と極端な国家主義とを識別することが困難であることを考えたとき、占領軍は日本において信教の自由を許可するべきか否か、である。

検討

連合国は信教自由の原則を守る側に立っている。ただし、日本へのこの原則の適用は、以下に述べる事実のために複雑なものになっている。それは、近年日本の国家主義者たちが、無害で原始的なアニミズムであるオリジナル神道の上に、国家主義的天皇崇拝のカルトを上乗せした事実である。このカルトが狂信的なまでに愛国的で攻撃的な日本を作り上げるために利用されてきたのである。この課題を考察するときにはつねに神道のこれら二側面を識別することが必要である。古神道そのものは我々の関心にとって有害なものではないが、極度に戦闘的な国家主義である国家神道は、太平洋の平和にとって、そしておそらく世界の平和にとっても顕著な危険の源泉である。ちょうど天皇制が、その誤用のゆえに合衆国でしばしば非難されているのと同様、古神道もその上に接ぎ木された国家主義的カルトのゆえに非難されているのである。それゆえ、古神道は何らの危険なく実践を許されうるのにひきかえ、新しい国家神道の実践は注意深く監視されなければならない。

これに続いて、一口に神社と言っても三種類のものがあると、対象を整理して、議論の見通しをよくしています。

日本には神道の神社が約十万社あるが、それらは以下の三つのカテゴリーのどれかに入る。
(a) 神社の大多数は古代に起源をもち、地方ごとの守護神を祀っている。それらは地方ごとの祝典の場であり、厳密に宗教的な神社と解することができる。
(b) 太陽の女神を祀る伊勢神宮のような若干のものは、それらも古代からの宗教的神社ではあるが、国家主義のシンボルが上張りされている。

（c）靖国神社、明治神宮、乃木神社、東郷神社その他、国家的英雄を祀るより近年の神社のいくつかは、われわれが理解する意味での宗教的信仰の場ではなく、国家主義的軍国主義的英雄の崇敬と戦闘的国民精神の涵養のために捧げられた国家主義神社である。

そのうえで、特に第三類型の神社に着目して、以下のように言います。

この最後の種類のものは、日本政府自身が国家神道は宗教ではなく、愛国心の表明であるとくり返し明言してきたのだから、信教自由の原則を侵すことなく閉鎖することができる。しかしながら、軍事的敗北と軍隊の武装解除の時期には、それらの神社も許容しておくほうが、強制的閉鎖に比べれば、国民に対する国家神道カルトの影響力を弱めるうえでは、有効かもしれない。なぜなら、強制的閉鎖はカルトをかえって強めることもありうるからである。

そのあとに具体的勧告が書かれているのですが、ここまでですでにおわかりいただけたであろうように、この文書の起草者は靖国神社について、「あんなものが宗教か。むしろ政治的軍事的な施設じゃないか」と言わしめるような側面があることは、知っていたのです。そして、日本政府自身が国家神道を国民全員に強制するために使っていた「神社非宗教論」をそのまま占領軍が逆手に取れば、靖国神社の廃止を命じておいて「信教の自由は守っている」と開き直ることも、理屈としては可能と判断していたのです。しかしながら、靖国神社が「われわれが理解する意味での宗教的信仰の場ではな」いとしても、はたして「宗教ではない」と言い切ってしまえるかどうか、――そこにはなお、ためらわれる要素があることにも気づいていたようです。

そして実際、日本降伏後に実行された占領政策は、この文書に示された慎重な姿勢を受け継いだものとなりました。「靖国神社は潰してしまえ」というような手荒な命令は出されませんでした。それは偶然ではありません。マーク・R・マリンズの研究によれば、「神道指令」を起草したバンスは、その準備作業にとりかかった当初はこの文書の存在に気づいていなかったけれども、少なくとも1945年10月のうちにはこの文書に目を通しており（マリンズ100頁）、その影響下に作業を進めたらしいとのことです。

＊5　https://history.state.gov/historicaldocuments/frus1944v05/d1191

「神道指令」が政教分離を強調した理由

中野毅の研究によれば、アメリカの対日占領政策立案の過程で、信教の自由をめぐる考え方には時期によって変遷があり、国務省による「PWC―115」は、日本の実情をよく知る者たちの参画を得て、考えがだいぶ練り上げられてきた段階のものです。初期の考え方はもっと単純なものでした。

ヨーロッパで始まった第2次大戦の戦火が太平洋に飛び火する可能性が強まってきた1941年の年頭、アメリカでは大統領のルーズヴェルトが年頭教書で、枢軸三国との全面対決に備えて、彼らの野望を制圧した後に打ち立てられるべき世界秩序を展望し、その理念を「四つの自由」として宣言していました。掲げられた「言論と表現の自由」「信教の自由」「欠乏からの自由」「恐怖からの自由」のうち第二のものは、文字通りに写せば「すべての人々が自分自身の方法で神を崇拝する自由（freedom of every person to worship God in his own way）」でした。宗教のイメージとして最初からキリスト教の説く大文字の God が想定されていたわけです。中野によればそこにあるのは「文明＝キリスト教、政治的社会秩序としての自由主義、民主主義」対「野蛮＝異教、政治的社会的秩序としての専制主義、全体主義」という二分法で、「文明闘争史的立場」でした（中野56〜57頁）。

これに対して「ＰＷＣ―１１５」では、神道もまた宗教であり、特に第一類の神社に対する信仰は何らの危険なく実践されうるのだから、占領軍が「信教の自由」を旗印に掲げる以上、神道をも含めて自由を保障するのは当然であるという立場をとっています。その意味で信教の自由は大文字の God を信じる自由に限定されるものではないというのが、この文書の基本的な立場です。ただし、そのようにして戦後の日本で神道にもまた信教の自由が保障されることを宣言した場合、過去の経緯に鑑み、国家がそれに肩入れすることがないようにという限定は、しっかりつけておかねばなりません。とりわけ靖国神社を筆頭とする第三類の神社については、それらをも信仰心をもって崇敬したいという者がいる場合にはその自由は認めるが、その代わり、国家とのかかわりは特に厳しく戒められねばならないということになります。

このようにして、信教の自由を（大文字の God を信じる自由に限定されない）普遍的な意義をもつ理念として称揚し、それを日本の神道にも及ぼす場合、同時に政教分離をも強調しなければならないことになります。そして、信教の自由がキリスト教圏に起源を有するものでありながら普遍性をもつ理念として日本にも適用されたのであれば、それと対をなすものとして必要とされる政教分離のほうだけは神道限定で適用するというのは、一貫性がありません。公平を期そうとすれば、政教分離もまた、神道にかぎらずすべての宗教に適用されるべきだということになります。

実際、バンスの起草した「神道指令」は「均等な機会と保護を受ける資格あるすべての宗教、信仰、信条を全く同じ法的基礎の上におくこと」を明言しています。動機は日本の特殊事情への対応であったにせよ、その中から「信教の自由の保障を強めると同時に、政教分離の縛りもきつくし、どの宗教にもこの原則は均しく適用する」という「政教関係の新しい理念」を産み出したのは、「神道指令」の世界史的な功績であるかもしれません。[*6]それが日本国憲法20条、89条にも受け継がれているわけです。

＊6　岸本英夫は、バンスが神道指令の運用にあたり政教分離の原則はキリスト教にも適用されるとの立場をとり、進駐軍の従軍牧師たちが日本人への布教を公的な便宜供与の下に進めようとしたのを叱責した事実もあることを紹介して、彼の公正さを評価している（岸本241～242頁）。それにひきかえマッカーサーはキリスト教布教に関しては公私混同の態度をしばしばとっていたが、中野毅によればそれはルーズヴェルトの「文明闘争史的立場」に近いものだった。中野は「神道指令」の起草過程を検証した末、「神道指令は、結果として、ルーズヴェルトとマッカーサーのキリスト教化政策と表裏をなしていた『文明論的理想主義』と、国務省案、なかんずく知日派の現実的実際的方針との両者を止揚する方策として、『国

家と宗教一般との分離』政策を生みだしたとも見なすことが出来よう。その意味で、バンスの神道指令は当時としては一種の極めて理想主義的な結論を導きだしたともいえるのである」と結論づけている（中野102頁）。

靖国神社が民間の宗教団体であることの司法上の意義

ここで再確認すべきことは、日本国憲法下の世の中に靖国神社が生き残ったのはその「宗教性」を認められたからこそであり、言い換えればその「私事性」が評価されてこそ、靖国神社の今があるということです。

その観点から考えたとき、靖国神社が祭神として祀っている対象が現代の政治外交の観点からみて望ましいものか否かという問題は、じつは本質的な問題ではありません。この点につき、愛媛玉串料訴訟の一審で原告側の証人として立った憲法学者の高柳信一が述べた内容（1986年1月29日）を一瞥しておくことは価値があります（愛媛Ⅰ62～63頁）。

戦犯というものをどういうものとして考えるか、一方において、国難に際して国家の危機を救わんとして身を捨てて尽した殉難者であるというふうに考える人がいる。あるいはそういうふうに考えてその人を神として祭ろうという宗教法人がある。これは全く自由だと思います。

人によっては極東軍事裁判で戦犯という国際レベルの判断が下ったんだから、その戦犯を殉難者だと考えるようなことは許されない、こういう考えの人もいますが、私はそうは思わないわけで、極東裁判でどう判決をしようと、殉難者だと思う人がいても、それは信仰の自由だと思います。そしてまた宗教法人が、一宗教法人が遺族の同意を得て彼らを神として祭りたいと、これも全く日本国憲法の下で自由だと思います。

しかし、それはその私人、あるいは私的な宗教法人がそうするからこちらも寛容であるということでありまして、国家が、つまり万人のための国家が非常に価値判断の分かれる、評価の分かれるある人を、戦犯ではなく殉難者だと。国家のために大事な生命を投げ打って尽した殉難者であると考える、その宗教法人と何らかの形でかかわりを持ちますと、万人の一人としての一国民、それと違う価値判断を持つ者は、これはとても寛容ではあり得ない。精神的に甚大な侵害をこうむると言わざるを得ないわけであります。

高柳はまた、被告代理人からの尋問に答えて、国家神道をどう評価するかにつき、以下のように述べています（愛媛Ⅰ86頁、88頁）。

国家神道は戦前戦後変わりません。憲法変わったからといって勝手に宗旨を変えるなどというのは宗教として実に不見識で、その点で国家神道は変わらないと。憲法が変わっただけです。

いいえ。先程言おうとしたことをさえぎられたのであれですが、私は国家神道を尊敬しております。それを信ずるのは自由であって、その教義をですね。戦争に負けたからといって、教義をですよ。教義を変えるということはあり得ない。昔は天照大御神、その子孫である天皇を崇拝する。戦後変えちゃったということは私には理解できないわけですね。公的地位が変わったわけです。なんていいますか、国教あるいは準国教ではなくて一宗教法人の教義になった。

同じ愛媛玉串料訴訟の上告審で、原告側に立って鑑定意見書を提出した宗教学者の洗建《あらいけん》が、国家神道は戦後は消滅しているからそれに対する警戒を説くのは杞憂にすぎないとする被告側の主張を評して、以下のように書いているのも、注目に値します（愛媛Ⅲ277〜278頁）。

戦時中にはそうであったとしても、戦後国家神道体制が解体されたことによって靖国信仰も消滅したかのように見るのは、正しくない。解体されたのは国家による支援、保障の制度であって、解散させられた神社は一つもないのであり、靖国神社も現に存在している。制度的変革によって、宗教が容易に消滅したり、その実態が変化したりするものではないことは、神仏分離の制度的変革が、日本人の宗教生活をほとんど変えていない事実からも、国家神道の中核的信仰である神聖天皇、国体の信仰が神社本庁に継承されている事実からも理解できよう。

愛媛玉串料訴訟は、控訴審で合憲判決が出たのを不服として原告側が上告した結果、最高裁で争われることになったものですが、上告にあたって原告側は、それに先立つ1988年6月1日に出ていた山口自衛官合祀訴訟最高裁判決（資料【四九二】）の一部を引用しながら、上告理由書（1992

年8月11日）につぎのように書きました（愛媛Ⅲ14頁）。

殉職自衛官合祀事件最高裁判決では「合祀は神社にとって最も根幹をなすところの奉斎する祭神にかかわるものであり、当該神社の自主的な判断に基づいて決められる事柄であることはいうまでもない」こと、「県護国神社による孝文の合祀は、まさしく信教の自由により保障されているところとして同神社が自由になし得るところであ」る、と判示された。これは、護国神社の合祀という行為が、憲法解釈上、濃厚に宗教性、私事性を有する行為であること、従って、合祀によって人霊が祭神になるという考え方も、祭神の性格も、単なる習俗として理解することは許されないことを確認したものである。むろん、人々の考え方はさまざまであって、護国神社の祭神を習俗的なものと理解する人がいるかもしれないが、少なくとも憲法解釈としては前記のような性質を有することを最高裁が明言したことが重要である。そして、同様の理は靖国神社とその祭祀儀礼、祭神にも共通することはいうまでもない。靖国神社、護国神社及びその祭祀儀礼、祭神の性格が憲法解釈上、濃厚な宗教性をもつものであることは、絶えず顧みるべき重要な視点である。靖国神社、護国神社は形式的には宗教法人であっても他の宗教団体にはない別格の性格をもつものとして、公共機関との関わりをゆるやかに解する論があるが、これは結局、形を変えた「神社非宗教論」であって、そのような論理は最高裁判決のとるところではない。

こういう司法上の理論構成を「言葉の綾」のように考えて、あまり重視しない人もいるかもしれませんが、愛媛県知事による玉串料公金支出が違憲とされたのは、これらの論理の積み重ねがさしもの保守的なわが国の最高裁をも動かして、「さすがにこれは否定できない」という判断を導いたからだということを、軽視すべきではありません。

言い換えれば、1947年の施行以来長らく「仏造って魂入れず」だった憲法20条も、愛媛玉串料訴訟の最高裁判決が出た1997年までの半世紀をかけて、ようやく少しだけ魂が入ったということです。

わが国における政教思想――国家と宗教とのかかわりはどうあるべきかについての思想――の展開は、占領期の「神道指令」が外圧となって、強引に扉をこじ開けられるかたちで始まったものですが、まだ未熟であり、それが靖国問題の論議においても、「Y軸が入ってきたことに気をとられてX軸のことを忘れてしまう」ような底の浅さを招いているのだということを、ここでしっかりみつめ直すべきだと思います。

「合祀事務協力」を批判するときの視座

1985年、中曽根首相の「公式参拝」を節目としてどういう新たな展開があったかについては、現在では国際的波紋の話ばかりが記憶されている観がありますが、じつは、憲法問題についても、それを機に新たに問われるようになった論点があります。

第2章でも紹介したように、中曽根内閣は、靖国懇に依頼した審議の結果「国民の多くが靖国神社を戦没者追悼の中心的施設と考えている」ことがわかったから、公式参拝を合憲と判断したのだと言い張り、その見解が後の内閣にも引き継がれることになるのですが（もっとも、最初は「国民の多くがそう考えている」だったのが、途中から「政府自身がそう考えている」へとすり替わったのは国会議事録に基づいてわたしが明らかにしたとおりです）、ではなぜ「国民の多く」はそう考えるようになったのか？

これについては、1985年11月5日の参議院予算委員会で、野田哲議員（社会党）が、厚生省が1956年以来進めてきた組織的な合祀事務協力があってこそ、国民の多くがそのように思うようになったのではないかと、証拠となる公文書をいろいろ挙げて、政府を追及しました（資料【六二四】）[*7]。

そのとき挙げられた文書の筆頭は、1956年4月19日付で厚生省引揚援護局長から全国の都道府県宛てに出された「援発第三〇二五号」という番号のついた文書で、表題は「靖国神社合祀事務に対する協力について」となっています（資料【一九二】〜【一九四】）。野田議員が最後に挙げた文書は1971年2月2日付で厚生省援護局長から全国の都道府県知事宛てに出された「援発第一一九号」という番号のついた文書で、表題は「旧陸軍関係戦没者身分等調査事務処理要領について（通知）」となっています（資料【三一九】、【三二〇】）。野田議員の挙げたその他の文書は資料番号だけ記しておけば【二七三】、【二九〇】、【二九二】、【三一四】、【三一五】です。

「これらの厚生省の通達について、その内容を説明していただきたい」との野田議員の要求に応えて、水田努厚生省援護局長がとりあえず述べた、通り一遍の説明は、1956年当時、早く故人を靖国神社に祀ってほしいという遺族からの要望が強かったので、祀るのは国ではなく靖国神社なのだけれども、国にできるぎりぎりの線として、有資格者の情報を一般的な身上調査の一環として靖国神社に提供したのだ、ということです（「援発三〇二五号」）。そしてそれは、かりに靖国神社以外の民間団体から要望があったとしても同様に回答するであろうような、一般的な情報提供業務としてやったのだが、国が靖国神社を特別扱いにしているような誤解を招く恐れがあることがわかったので、1971年の「援発第一一九号」で誤解の起こらないかたちに改め、この件に関するそれまでのすべての通達を廃止した、というのです。

この同じ問題は翌1986年にも、10月14日の毎日新聞朝刊と夕刊での報道をきっかけとして、10月21日の衆議院決算委員会で渡部行雄議員（社会党）によって再び取り上げられました（資料【六六〇】）。例の「私どもはやはり、政府の見解でございますが、靖国神社が戦没者の追悼の中心的な施設であるというふうには考えておるわけでございますし、……」（木戸脩厚生省援護局長）という問題発言があった日です。

靖国神社の問題になるといつも出てくる例の熱血漢小林進議員（社会党）も、この問題で発言しています。一度目は1985年12月6日の衆議院外務委員会で（資料【六二九】）。二度目は同年12月13日の衆議院外務委員会で（資料【六三三】）。もっとも、この小林議員、後者の日の質疑の中で、合祀は靖国神社が自主的な判断でやったというのはうわべだけで、実際は全部厚生省が決めていたんだろうという憶測に立って政府を追及しているうちに、暴走して「分祀そそのかし型野党」になってしまい、政府が合祀したんだから、引きずり下ろすのも政府の手でできるだろうと、きわめて問題のある発言をしてしまったのですが……。

この問題を考える際には、一口に「合祀」と呼ばれている仕事にも三段階あることを、まず識別する必要があります。①戦没者のうちどういう条件を満たす者が合祀に値するかという「合祀基準」の決定、②「合祀基準」を満たす戦没者を個別氏名のレベルで選別する作業、③合祀の祭祀儀礼の執行、の三段階です。

政府が答弁の中で一貫して主張したのは、③はもとより①もあくまで靖国神社が主体的に行なっており、政府と地方自治体は、②の事務量が膨大で靖国神社の独力では遅々として進んでいない状況に鑑み、その部分に手を貸したにすぎない、ということです。これに対して野党議員の主張は、①も実際は厚生省が決めていたのだろう、その意味で、③という純粋に宗教活動である部分だけは神社に任せていたとしても、①と②をともに国がやっていたのだから「国が合祀した」と言えるではないか、ということです。

「国が合祀した」のであれば、それは国が宗教活動をしたことになりますから、当然憲法20条3項（「国及びその機関は、宗教教育その他いかなる宗教的活動もしてはならない」）に違反しており、野党の追及がもっともだということになります。しかし、政府が弁明したように、国が手を貸したのはあくまで②の部分だけで、①は全面的に靖国神社がやっていたことだと仮定した場合、それなら憲法に抵触していないと言えるのか、——この点がさらに問われねばなりません。

＊7　この「『靖国神社を戦没者追悼の中心的施設と思う意識』自体が政府の違憲な行為によって『作り出された』ものだ」との野田哲議員の指摘は、奥平康弘（『憲法にこだわる』37～48頁）が肯定的に再述し、敷

衍している。今後に向けてなお靖国神社を公的なもののように扱うことを許してよいかどうかを論じる際にはきわめて重要な指摘である。ただし、1955〜6年当時、政府の合祀事務協力を憲法20条との関係で問題ありとする意識が一般社会にも国会議員にもほとんどなかったことは事実である。当時はそのくらいに「靖国神社を戦没者追悼の中心的施設と思う意識」が戦前からの刷り込みで色濃く残っていたのだ。その意味で「鶏が先か卵が先か」という問題があり、奥平の記述はいささか整理されすぎた後知恵の観がある。もっとも、それを根拠に「政教分離はわが国の風土にはもともと合わない」などと主張するつもりは、わたしには毛頭ない。

小笠原貞子議員の先見の明

じつは、1956年の「援発第三〇二五号」と1971年の「援発第一一九号」とが憲法との関係で問題とされ、国会で取り上げられたのは1985年が初めてではありません。Q5で紹介したように、1973年7月3日の参議院社会労働委員会で（資料【四五六】）、小笠原貞子議員（共産党）が、前年1972年2月28日付で厚生省から出された「調査第54号」という文書（資料【三三〇】、【三三一】）を問題視して、厚生省に真意を質したことがありますが、小笠原議員はその話に入る前置きとして、そもそも「戦没者身分等調査」と呼ばれている仕事自体が、改称前は「合祀事務協力」と呼ばれていて、あからさまに靖国神社の合祀のための情報提供の仕事だった事実を指摘し、そのことをまず問題視しています。

その際、小笠原議員は、厚生省自身が戦没者のうちだれを靖国神社の祭神にするかをすべて決めていたんだろうとは、必ずしも言っていません。むしろ、靖国神社が合祀適格者の基準を主体的に決めて「これこれの条件に適う者だけを選別したリストが欲しい」と要求し、厚生省は受動的にその要求に応じたのだとしても、それに応じること自体が憲法上疑義があると言ったのです。つまり、憲法20条1項後段「いかなる宗教団体も、国から特権を受け、又は政治上の権力を行使してはならない。」に違反しているのではないかと。

その「靖国神社の要求に応じて」国が合祀適格者を選別していることの具体例として、援護法が改正された結果、敵前逃亡とみなされて軍法会議で処刑された兵士についても遺族は遺族年金を受給できるようになったにもかかわらず、靖国神社は国（厚生省）が送ってくれる新たな合祀適格者名簿にそのような者は含めないでくれと依頼し、国はその言い分のとおりを都道府県に通達したという件を、小笠原議員は問題にしたのです。国会の議事録にはつぎのとおりの問答があります。

○小笠原貞子君　それからまた、もう一つの問題点は、厚生省の立場で、国会や、また審議されて成立した法律という問題について、これを無視してやっていくという権限があるのかどうかという点なんです。と申しますのは、国会では援護法が毎年のように改正されて、そして対象として、平病死年金、それからまた、いわゆる敵前逃亡、自殺者などもやはりこれは戦争の犠牲者であるという立場で援護の対象とされたわけでございますね。〔中略〕それなのに、靖国神社の、忠勇たる臣民……、神としての資格がないということでこれは除いてくれというような調査の依頼だと。全くこれは靖国神社の言いなりで特定の宗教的態度にまさに厚生省は手をかしていると。こういうことは、大きく言えば国会と法律を無視している。まさに、これはちょっと大きな問題だと私は考えざるを得ないわけなんですが、厚生省、局長の責任としてどういうふうにこのことをお考えになりますか。

〇**政府委員**（**高木玄君**）　どういう方を祭神としてお祭りするかは靖国神社御自身がきめられることで、私どものそれは関知しないところでございます。私どもは、靖国神社の依頼に応じていつも依頼の内容のものを調査している、これだけのことでございまして、靖国神社の祭祀基準というものがおそらくあるんだと思いますが、それは靖国神社御自身がおきめになって、その基準に基づいた調査を依頼してきていると、こういうことでございます。

〇**小笠原貞子君**　それでは全く靖国神社の言いなりになって、それは靖国神社の考え方だからと、まさに靖国神社の言いなりにどういうことがあろうとなすってきたと、これからもどんなことが申し出られようと靖国神社の要求であればそのとおりやると、こういうことですね。

〇**政府委員**（**高木玄君**）　先ほども申しましたとおり、私どもは靖国神社に限らず、民間の個人であれ団体であれ私どもの保有しております資料に基づきまして戦没者なり、もとの陸海軍人についての身上についての調査、照会等の依頼がありました場合には、それが適当なものでありますす限りにおきましては協力しているわけでありまして、これはもう何も靖国神社だけに特別のことをしているというわけではございません。

〇**小笠原貞子君**　靖国神社に限り特別なことをしていないとおっしゃるけれども、靖国神社しか来てないんでしょう。靖国神社しか来てないとさっきおっしゃったんでしょう。そして、その中身は靖国神社そのものの言いなりになっているということは事実ですよね。これは、まさに私が先ほどから言うように憲法二十条に当然ひっかかってくる。特定の宗教法人靖国神社の依頼で国と自治体のお金を使っているわけでしょう。そして、全国的な調査をなさると。その結果、個人の信教の自由も侵していやだというのに祭るなんて言うんでしょう。こんなことが許されていいんですか。これはまさに憲法上からいっても二重に私は間違っていらっしゃるんじゃないかと、そう思うわけなんです。いかがでございますか。

ここで小笠原議員は、靖国神社がその教義上、敵前逃亡とみなされて軍法会議で処刑されたような者を除いて、そうでない者だけを祀りたいと考えていること自体を、直接非難しているわけではありません。ただ、それは、国が戦没者の遺族に手を差し伸べようとして立法をしているのとは別の価値基準であることだけははっきりしており、国がその選別作業に手を貸すのは、特定の教義世界への肩入れになるのではないかということを、問題にしているのです。

この問答に割って入った山下春江議員(自民党)が記憶違いによるおかしな発言をしたことがきっかけになって、はからずも、そのあとに続く斎藤邦吉厚生大臣と小笠原議員との問答が、問題の核心を明らかにするものとなったのは、Q5でも言及したとおりです。その問答をあらためて確認しておきましょう。

○国務大臣(斎藤邦吉君)　これは山下先生、思い違いじゃないかと思うのでございまして、靖国神社にどなたを祭れなんという法律はございません。靖国神社はすべて教義――独特の宗教法人でございますから独特の教義に基づいてどなたを神として祭るかということは靖国神社自身がお決めになることでございます。したがって、敵前逃亡の方々が援護法の改正等によりまして援護を受けるようになりましても、その方を祭るかどうかそれは靖国神社みずからきめることでございますが、そんなことに対して国が、こういう援護法の適用を受けるようになったのでございますから、靖国神社のほうで差別しないでお祭りください、なんということを言うたらたいへんなことです。むしろ。それこそ、政教分離、これこそ政教分離というものだと思います。

○**小笠原貞子君** そこまでわかっているんだったら、そしたら、遺族の方々だとか援護のためという名目で公金を使って全国的に調査してというようなところまで手をお染めになるのは間違いだということにつながっていくんじゃないですか、大臣のいまのご趣旨は。〔中略〕先ほどから何度も強調なさいますように、靖国神社が独自に靖国神社の立場でお祭りになるというようなことであれば、それは私は靖国神社の立場として当然だと思うんですね。そうすれば、独自に調査して、そして独自に遺族の方とお話し合いをなすって、そして祭神にするかしないかというのをおきめになればいいのに、そこに厚生省が積極的に援助をするという名目で、具体的には靖国神社の問題に相当深入りしていらっしゃるということを言わざるを得ないわけなんです。だから私は、こういうような調査通知というものを出されて、そして全国的にこれを役所の立場でするというようなことは、当然やめていただきたいと思います。

これは「中曽根公式参拝」をきっかけに1956年以来の国の「合祀事務協力」が違憲な行為だったのではないかと指摘されるようになる12年前のことですが、1985〜6年の国会審議でもなお、なぜ違憲だったのかの理由に関しては野党議員側に混乱があったのに対して、むしろその先を行っています。かりに、国が合祀基準を決めて靖国神社にそのとおりに祀れと押しつけたのではなく、合祀基準自体は靖国神社側が自主的に決めたのだと仮定しても、その「言いなりになる」こと自体が違憲であると。

これは先見の明と言うべきでしょう。

つけ加えて言っておけば、「合祀基準そのものを国が決めて、その基準どおりに合祀適格者を選考し、これこれの者を祀れと靖国神社に押しつけたのだろう」という推測一本槍で「合祀事務協力」を批判するのは、一見強い主張のように見えて、手抜かりがあります。それだと靖国神社が主張している「靖国神社受身論」(Q5)をむしろ援護射撃してやることになるからです。

宗教は本来「凶器」である

2015年6月13日と14日、東京大学本郷キャンパスで開かれた「宗教と社会」学会の第23回学術大会で、第2日に「オウム事件二十周年」のテーマセッションが開かれ、わたしも聴きました。その中で、あるパネリストの発言に、「当時、『宗教なら平和をめざすものであるのが当然で、オウムなんて、宗教の名を騙《かた》った殺人集団に過ぎない。あれは宗教じゃない』といった俗受けする批評がマスコミで語られていたが、あの事件は、まさに宗教だからこそ起こしてしまった事件という面があり、宗教とは本来、人類にとって『火』と同じようなものだ。そのことを真正面から見つめる必要がある」というのがありました。

これにはわたしもまったく同感でした。

「火」は人類に多大な恩恵をもたらしましたが、それとともに、しばしば大火災ももたらしました。

似た例を挙げれば、鮨職人の使う「刺身包丁」や外科医の使う「メス」なども、同様に、適切に使われたら大きな効果を発揮するが、不適切に使われたらたちまち凶器になる代物です。こうした凶器は、ライセンスのない人が振り回せば当然傷害罪や殺人罪という犯罪事件につながりますが、かりにライセンスのある鮨職人や外科医であってすら、本来目的以外に使えば、同様に犯罪者になってしまいます。

古来、宗教的発言というのは、それが語られたコンテキスト（前後関係）を無視して、単独に取り出してみたら、実におかしな、バカバカしいとさえ言えるものが多いのです。たとえば、有名な親鸞の語録『歎異抄』の中には、親鸞が弟子の唯円に向かって「人を千人殺してくれ。そうしたら極楽往生まちがいないぞ」と、とんでもないことを言う場面があります。これだけ取り出せばオウム真理教の「ポア」の教えとまったく同じです。

ただ、その発言のあとのやりとりを読んでみると、「人はだれだって、自分の心がよくて、人殺しをせずに済んでいるんではなくて、たまたまそのとき置かれた場で、殺人をすべき業縁を負っていないから、人殺しをせずに済んでいるにすぎない。逆に、『自分は人殺しなんか絶対しない善人だぞ』と思い込んでいたところで、業縁のもよおしがあれば、百人だって、千人だって、人殺しをしてしまうものなんだ」というふうにつながっています。

これは、第2次大戦中のアメリカで徴兵され、B29の飛行士としての訓練を受け、テニアン島に配属され、「さあ、明日、この爆弾を広島の目標地点に落としてこい」と命令された1945年8月5日の兵隊の立場に、もし自分が置かれていたら……と考えると、すぐにわかります。翌日、落下傘につけて落とした爆弾が、高度500メートルあたりで予定通り爆発してくれ、退避中の飛行機からもまばゆい閃光が見えたとき、彼らは「ほっと胸をなでおろして」、「ああ、これで間違いなく任務が果たせた」と感じたらしいです。人間とはそういうものなのです。

そういう悲しい人間の「さが」を凝視させるために、親鸞はわざと、「ウサギの毛、ヒツジの毛の先にくっつく塵ほどの微小な罪も含めて、すべて人間の犯す罪は、過去からの宿業によらぬものなど、ひとつもない」という、それだけとってみれば仏教の中の異端説ともいうべきことを説いています。

釈尊直伝の仏教の基礎には「悪因苦果、善因楽果」という教えがあり、「新たな悪因をつくることを避けなさい、善根を積むことを心がけなさい」ということを説くのが仏教の基本です。「罪を犯してしまうこと自体、過去からの宿業によって犯してしまうんだから、けっして避けられないことなのだ」などというのは、上座部仏教のお坊さんなどに聞かせたら、とんでもない異端説だと評されるでしょう。人間の道徳的主体性の全面否定ですから。

実際、専修念仏の教えは、親鸞の師の法然の段階においてすでに、伝統仏教（華厳宗）の明恵《みょうえ》からはその廉《かど》で異端視され、『摧邪輪《ざいじゃりん》』という書物で批判されています。そして現に、法然も親鸞も時の政権から迫害を受けています。

ただ、そうした「火」のような「凶器」のような教えの中に、人の心の琴線に触れる何かがあって、迫害にもかかわらず生き延び、今に伝わるものとなったのでしょう。

「靖国神社を論じるときに、『法然を採るか明恵を採るか』といった、現代でも仏教学者の立派な論文のテーマになるような『本格的な宗教』の話と結びつけるのは適切でない。靖国神社のようなものは、かりに宗教だとしたって、そういうレベルのものじゃないだろう」と言いたくなる気持ちを、わたしも理解できます。しかしそれにもかかわらず、日本国憲法20条は「それもまた宗教」として、敢えて価値判断をせず、「それをも信じたい人がいるなら、その自由は認める」として、「ただ、国家がそれに肩入れすることは禁ずる」という線を打ち出したのです。靖国神社が「凶器」でありうることを、憲法は認めています。ただしそれは『歎異抄』が「凶器」でありうることと同じレベルにおいてなのです。

凡例に挙げた以外の引用・参照文献（言及順）

（大手新聞の記事については縮刷版やマイクロフィルムで容易に確認できるので、省略）


板垣正『靖国公式参拝運動の総括』展転社、２０００年。

秦郁彦『現代史の対決』文藝春秋社（文春文庫）、２００５年。

森岡清美『近代の集落神社と国家統制』吉川弘文館、１９８７年。

靖国神社編『遊就館図録』靖国神社、２００８年。

西山俊彦『靖国合祀取消し訴訟の中間報告——信教の自由の回復を求めて』サンパウロ、２００６年。

靖国神社編『靖國神社百年史資料篇上』靖国神社、１９８３年。

靖国神社編『新訂増補靖國神社略年表』靖国神社、２０２２年。

松平永芳「誰が御霊を汚したのか——『靖国』奉仕十四年の無念」『諸君！』１９９２年12月号、１６２〜１７１頁。

徳川義寛・岩井克己『侍従長の遺言——昭和天皇との50年』朝日新聞社、１９９７年。

靖国神社／やすくにの祈り編集委員会編著『やすくにの祈り』産経新聞社、１９９９年。

田中伸尚『靖国の戦後史』岩波書店（岩波新書）、２００２年。

キリスト者遺族の会編『石は叫ぶ——キリスト者遺族は訴える』キリスト者遺族の会文集編集委員会、１９７５年。

靖国神社社報『靖國』昭和61年（1986年）3月号。

小栗竹子『愛別離苦――靖国の妻の歩み』径書房、1995年。

田中伸尚「日本遺族会の五十年」『世界』1994年9月号、34～52頁。

田中伸尚、田中宏、波田永実『遺族と戦後』岩波書店（岩波新書）、1995年。

新井恵美子『モンテンルパの夜明け』潮出版社、1996年。

西村明『戦後日本と戦争死者慰霊――シズメとフルイのダイナミズム』有志舎、2006年。

今村嗣夫『こわされた小さな願い――最高裁と少数者の人権』キリスト新聞社、1989年。

秦郁彦『靖国神社の祭神たち』新潮社、2010年。

田中伸尚『ドキュメント靖国訴訟』岩波書店、2007年。

国際宗教研究所編／井上順孝・島薗進監修『新しい追悼施設は必要か』ぺりかん社、2004年。

大江志乃夫『靖国神社』岩波書店（岩波新書）、1984年。

合田道人「平和への礎を築いた神々――歌い、語り続ける私の靖國」『別冊正論22号―大解剖「靖國神社」』産経新聞社、2014年、56～65頁。

曽野綾子「宗教を特定しない新たな記念廟の設立を」『ジュリスト臨時増刊――靖国神社公式参拝』有斐閣、1985年、32～33頁。

曽野綾子『透明な歳月の光』講談社（講談社文庫）、2008年。

靖国神社社報『靖國』昭和50年（1975年）9月号。

菅原伸郎編著『戦争と追悼――靖国問題への提言』八朔社、2003年。

庭野日敬「『国家』より『国民』へ」『伝統と現代――総特集靖国』伝統と現代社、1984年、81～88頁。

伊藤智永『奇をてらわず――陸軍省高級副官美山要蔵の昭和』講談社、2009年。

財団法人世界平和研究所編『中曽根内閣史資料編（続）』丸ノ内出版、1997年。

朝日ソノラマ編集部『マッカーサーの涙――ブルノー・ビッテル神父にきく』朝日ソノラマ、1973年。

志村辰弥『教会秘話――太平洋戦争をめぐって』聖母の騎士社（聖母文庫）、1991年（1971年に中央出版社から刊行された同名の書物の文庫版）。

岡﨑匡史『日本占領と宗教改革』学術出版会、2012年。

麻生太郎・渡部昇一「自主独立を守り抜く日本：靖国神社の存在をカトリックは一貫して認めている」『Voice』2006年8月号、106～115頁。

西山俊彦『カトリック教会の戦争責任』サンパウロ、2000年。

カトリック中央協議会福音宣教研究室編『歴史から何を学ぶか――カトリック教会の戦争協力・神社参拝』新世社、1999年。

神社新報社編『神道指令と戦後の神道』神社新報社、1971年。

木山正義「靖國神社とブルノー・ビッテル神父」靖国神社社報『靖國』昭和56年（1981年）7月号。

ウィリアム・P・ウッダード著／阿部美哉訳『天皇と神道――GHQの宗教政策』サイマル出版会、1988年。

岡田米夫編『神祇院終戦始末』神社本庁、1964年。

江藤淳「生者の視線と死者の視線」江藤淳・小堀桂一郎編『靖国論集――日本の鎮魂の伝統のために』日本

教文社、1986年。

伊藤健一郎「追悼から遠く離れて：反‐戦後イデオロギーの台頭と靖国神社をめぐる言説の推移」『立命館学術成果リポジトリ』2017年。

靖国神社編『靖國神社百年史資料篇下』靖国神社、1984年。

日本遺族会編『英霊とともに三十年――靖国神社国家護持運動のあゆみ』日本遺族会、1976年。

高橋紘＋鈴木邦彦『天皇家の密使たち――【秘録】占領と皇室』徳間書店、1981年。

大原康男・百地章・坂本是丸『国家と宗教の間――政教分離の思想と現実』日本教文社、1989年。

安西賢誠『浄土の回復――愛媛玉串料訴訟と真宗教団』樹花舎、1998年。

橋本公亘「政教分離と靖国懇報告」『ジュリスト臨時増刊――靖国神社公式参拝』有斐閣、1985年、48～53頁。

岸田秀×三浦雅士『靖国問題の精神分析』新書館、2005年。

高橋哲哉『靖国問題』筑摩書房（ちくま新書）、2005年。

小島襄『東京裁判（下）』中央公論社（中公新書）、1971年。

菱木政晴『市民的自由の危機と宗教』現代書館、2007年。

平野武『政教分離裁判と国家神道』法律文化社、1995年。

阿部美哉『政教分離――日本とアメリカにみる宗教の政治性』サイマル出版会、1989年。

「小泉首相『靖国参拝』是か非か」『文藝春秋』2005年7月号、132～160頁。

高橋哲哉＋田中伸尚「〈靖国〉で問われているもの」『現代思想』2005年8月号、48～69頁。

子安宣邦「『靖国問題』とは何か」同誌70～75頁。

菱木政晴「靖国をめぐる状況は変わったか」同誌98～106頁。

内田雅敏『靖国参拝の何が問題か』平凡社（平凡社新書）、2014年。

中村香代子「戦死者の弔い方：日本の弔いの言説と国際評価」『國學院大學栃木短期大學紀要』第50号、2016年、115～125頁。

塚田穂高「那覇孔子廟政教分離訴訟——最高裁判決の意味」『世界』2021年5月号、10～14頁。

奥平康弘『憲法にこだわる』日本評論社、1988年。

三土修平『靖国問題の原点』日本評論社、2005年（増訂版、2013年）。

村上重良『国家神道』岩波書店（岩波新書）、1970年。

小堀桂一郎『靖国神社と日本人』PHP研究所（PHP新書）、1998年。

おわりに

わたしにとって本書は靖国神社に関して書く本としては実質的には二番目の本である。

18年前の2005年、折からの靖国関連書出版ブームに助けられて、拙著『靖国問題の原点』の原稿を日本評論社の出版企画に乗せてもらうことができ、8月15日付で上梓することができた。それがある程度多くの読者を得たことで、専門外ながらこの問題の評論家の一人として世に認められ、時折マスコミから意見を求められるようになった。

しかし、時が経つにつれ、世の中がわたしに求めてくるものと、わたしが右記の書物で世に問うた内容とが必ずしも一致していないことを実感するようになった。

わたしが『靖国問題の原点』で強調したのは、この問題には戦没者遺族の承認欲求、神社神道がもともともっていた「ムラぐるみの宗教」という性格、日本社会における「公」と「私」の独特のあり方、といった複数の要因がからんでいるため、憲法の政教分離規定の解釈論だけでは割り切れない複雑さがあって、そのあたりの事情を丹念に調べたうえでのきめ細かな対応が必要だ、ということだった。

このようなわたしの問題理解は、1980年ごろから本格的に靖国神社問題に関心をもつようになり、専門外ながらそれに関連する書籍の多くに目を通して勉強を重ねてきた結果、徐々に獲得されたものである。

そうした勉強（専門外のことなので「研究」と言えるほどのものではないが）の中で、靖国神社が物議をかもす存在となっている根本原因として、戦後改革の隠された真実があることに気づき、とりわけ、1945年12月4日の神祇院副総裁飯沼一省と終連第一部長曽祢益とがGHQのウィリアム・K・バンスを訪問したときの発言――「祭神も最早新たに祭られることもないでしょうから」――に含まれていた「嘘」（本書第2部第1章で紹介）こそがしっかり見破られねばならないということを、同書でも話のキーポイントとして訴えたのであった（同書第6章「靖国神社戦後改革の真相」）。

それとともに、同書の137頁でわたしはすでに、本書冒頭のエピグラフに掲げた愛媛玉串料訴訟記録集の中の最重要な二箇所（愛媛Ⅱ298頁、愛媛Ⅲ203頁）にも言及しており、憲法20条の定める信教の自由および政教分離を大切に思う点では人後に落ちないつもりだった。

ただ、「（靖国神社も含めた）神社一般が民間の宗教法人となった1946年2月2日こそ『日本の宗教史にながく記念されるべき日』（村上重良『国家神道』215頁）であり、日本社会はその改革を受け容れたはずなのに、その後、占領政策の〝逆コース〟化とともに腹黒い反動勢力による改革への裏切りが始まり、以来数十年にわたって、事態はひたすら悪い方へ悪い方へと動かされてきた」というような〝末法思想的慨嘆〟は、歴史の記述としてリアリティーに欠けるということをも、同時に強調しておいた（同書62頁）。

そのため、わたしの立場はステレオタイプ的左翼とは一線を画しているように読み取られ、「穏健左派」とか「右にも左にも偏らない真ん中あたり」とかの評価を頂戴するようになった。

そして、マスメディアがわたしに意見を求めてくるケースの半数ぐらいは、そういう評価を耳にして、「この人は〝真ん中ぐらい〟だそうだから、たぶんこれこれこんな意見を言ってくれるだろう」との期待の下にコンタクトを求めてくるケースとなった。さすがに、拙著を最初から最後まできちんと読んで下さった老練なジャーナリストの方々は、内容を的確にとらえて下さっていたが、そうでない「噂を聞いて……」だけの人々の場合には、その人たちが期待する〝真ん中〟と、わたし自身が自覚している〝真ん中〟とに大きな隔たりがあるということに、わたしはやがて気づくことになる。

それらの人々が考えている「靖国」をめぐるわが国の思想状況というのは、「一方の極に『首相は昭和殉難者（戦犯刑死者の靖国神社での呼び方――資料【四七九】）も含めた靖国神社の御祭神に対して表敬していることを堂々と表明しつつ参拝せよ』という意見があり、他方の極に『近隣アジア諸国に対して日本はもっと徹底して反省を表明するべきであり、首相の靖国参拝はそれに逆行する動きだから、やめるべきだ』という意見があるから、その〝真ん中〟あたりといえば『A級戦犯を分祀したうえでなら首相が参拝してもよい』というあたりかな？……あるいは『根本的解決策は特殊法人化でしょう』というあたりかな？」……というようなものの見方なのである。

「冗談じゃない！」と言いたい。

「A級戦犯分祀論」などというのは最初から「箸にも棒にもかからない意見」（Q2）であり、「特殊法人化が根本的解決策」などというのは、２００６年８月に麻生太郎外務大臣（当時）が骨董のお蔵の中から埃を払って持ち出してきた「手垢のつききった意見」（Q9）なのだ。靖国神社問題について多少本気で勉強してみたことがある者なら、そんなことは当然わかるはずだ、――とわたしは思っていた。ところが世間の状況は、ちっともそうなっていなかった。

あるマスコミ記者から「A級戦犯は『宮司預かり』に戻すという案についてはいかがでしょうか？」と真顔で尋ねられたときには、わたしは開いた口がふさがらなかった。

いったいどこでどうボタンの掛け違いがあって、こんなにもひどい論点の矮小化と議論の迷走が起こったのか？

それを解明したいと思いつつも、その後長らく、研究のための時間がとれなかった。

そのため、「もう少し平易でコンパクトな本を」との要望に応えて二度にわたって新書判の本を書いてはみたものの（『頭を冷やすための靖国論』および『靖国問題の深層』）、それらは、抜本的に研究をし直す暇がないまま、『靖国問題の原点』執筆時までに集めていた情報を使い回したうえで、少しだけ新しく知ったエピソードをつけ加えるという二番煎じの本にしかならなかった。とりわけ2013年6月に出した後者の本は、第2次安倍政権が成立した2012年末に急に依頼を受け、「予想される『安倍参拝』に備えて、予備知識を若い人に提供するためだから、4月中旬までに原稿を」と、日限を切られて書いたものだったので、不本意な「やっつけ仕事」にならざるをえなかった。

しかも、2006年7月の「富田メモ公表」以来、「筑波善玉・松平悪玉説」が優勢になり、読者層も出版社も靖国問題といえば「A級戦犯はいかにして合祀されたか？」という切り口を期待する傾向にあったため、その風潮に妥協した結果、「飯沼と曽祢がついた『嘘』こそが問題なのだ」というわたしの主張のキーポイントをかえって水で薄めるような本ができてしまった。今から振返ると残念である。

そしてやっと昨年6月以降、まとまった時間がとれるようになったので、仕切り直しをして新著をめざすことにした。半年以上の時間をかけて、国立国会図書館編『新編靖国神社問題資料集』を精読してみることにより、ようやく見えてきたものがあった。それを読者にわかりやすく説明するために、いろいろな〝オリジナル術語〟をちりばめながら筆を進めることにした。「三木武夫元凶説」、「垂れ込み売国奴説」、「分祀そそのかし型野党」、「もっと開き直れ型野党」、「X軸とY軸」、「第一ハードル（政教分離）、第二ハードル（歴史認識）、第三ハードル（富田メモ尊重）」、「周回遅れのトップランナーとしての『対外配慮主義』」などだ。

いずれにせよ、1985年ごろにようやく〝進歩派〟のあいだでその大切さへの認識が深まり、定着するかに見えた政教分離の視点が、その後だんだん舞台の隅に追いやられるようになったのは、どういう経過をたどってだったのかを、今回の研究によってやっと解明できた気持ちがする（第2部第2章）。

ここで、今回の研究の過程で得られた副産物を、二点挙げておこう。

第一はQ4で取り上げた「昭和天皇が晩年には靖国参拝をしなくなった理由」について。

従来、「A級戦犯合祀が原因」という説への対抗馬として、「三木武夫首相が1975年の8月15日に『私人としての参拝』と言い訳をしたのがきっかけで、公的地位にある者の参拝がつねに『公人としてか、私人としてか』と問われるようになってしまったため、意見の対立のある場には出られない天皇の立場上、昭和天皇は参拝を控えざるをえなくなった」という説があった。前者の説を採ると「首相も天皇に倣って、A級戦犯の合祀してあるところにだけは表敬を避けたほうがいい」という結論になるから、穏健保守の立場になる。後者の説を採ると「A級戦犯の何が悪い！」となってゴリゴリ保守（右翼）になる。

二つの説の対立は、どちらにせよ「天皇の思し召し」を基準に公人の靖国参拝の是非を論じたい人々のあいだでの論争なのだから、本来の意味でのリベラルにとってはどうでもいいことのはずだが、21世紀に入るころからは、穏健保守とも共同戦線を張るのがリベラルの生き残り策だと考えてか、こんな論争をも気にする人がリベラルの中にも多くなった。そして、穏健保守を応援するためには後者の説を批判しないといけないので、以下のようなことを主張するようになっていた。「昭和天皇は三木首相の『私人参拝』があった年の11月21日にも靖国参拝をしているから、三木が原因で参拝を控えるようになったのではない」。

富田メモが公表されて、第一説のほうに軍配が挙がったとき、穏健保守を応援する人たちのあいだからは「そらみたことか。やっぱり昭和天皇はA級戦犯合祀を快く思っておられなかったではないか」という発言に加えて、駄目押しのつもりなのか「そもそも第二説は、日付の前後関係からみて、もともと成り立たない説だった」とわざわざ強調する声も挙がった（わたしも不覚ながら、その声に加担させられたことがある)。

しかし、第二説の支持者は「富田メモ」公表後でも存在する。そしてその説得力は必ずしも侮れない。彼らはこう言っている。「三木参拝のあとにも昭和天皇は靖国参拝をしているではないかと、あなたがたはおっしゃるが、あの１９７５年11月の参拝のとき、直前になってどんなにもめたかを知らないのか。参拝前日の11月20日に国会で野党議員によるまるでつるし上げのような質問攻めがあって、政府側は必死の弁明に努めたが、あのやりとり以来、天皇の靖国参拝がこういう政争の具になるようではとても続けられないということになったに違いない」と。

これにつき、わたしは『新編靖国神社問題資料集』を参照して、検討してみた。

まず、天皇の参拝当日である11月21日の日付で社会党の吉田法晴《ほうせい》議員の名による「天皇の靖国神社参拝に関する質問主意書」というものが載っており(資料【四七五】)、その末尾は「内閣は天皇の靖国神社参拝をやめられるように助言すべきであると考えるがどうか」と結ばれている。それに対する答弁書は11月28日付で内閣総理大臣三木武夫の名によって出されており(資料【四七六】)、「御参拝は、天皇の純粋な私人としてのお立場からなされたものであって、全く政治的な目的を有していない」、「天皇が私的なお立場で靖国神社に御参拝になることが日本国憲法の破壊に通じるものとは認められないので、内閣としては、御参拝を中止されるよう助言する考えはない」と書かれている。

続いて問題の「参拝前日」である１９７５年11月20日の参議院内閣委員会の議事録(資料【五〇七】)を読んでみると、社会党の野田哲と矢田部理《おさむ》と秦豊が中心になって、翌日に迫った天皇参拝の性格について「公人としてか私人としてか」を中心として、さまざまな角度から「車がかり」の質問を浴びせかけ、例の富田メモで没後に有名になる富田朝彦宮内庁次長（当時）らがもっぱら守勢にまわって汗みずく（想像！）で何とか切り抜けようと努めているありさまが、記録されている。

というわけで、第二説を支持する人たちの言い分にはそれなりに根拠があることが、一次史料にさかのぼってみると、わかるのだ。

それなのに21世紀に入ってからは、首相の靖国参拝に反対する人々のあいだでも、保革伯仲時代と言われたあの1975年時点での野党議員たちの意気軒昂な姿勢を受け継ぐ者は少なくなり、あんな審議はなかったことにして、「A級戦犯合祀は昭和天皇の意に沿わないものだった」という「松平悪玉説」を前面に押し出し、リベラルと穏健保守との最大公約数のところに「軟着陸」しようという動きのほうが主流になった。――これがどうやら真相のようだ。

第二に、Q7で言及した「モンテンルパ」が国民的話題であった時代の国会審議のひとこまを資料集から紹介したい。

1953年7月9日（フィリピンのキリノ大統領によってモンテンルパ刑務所在監の日本人戦犯に対する特赦が布告された5日後）の衆議院厚生委員会の議事録をみると（資料【三六九】）、右派社会党の堤ツルヨ議員が山縣勝見厚生大臣を相手に質問した発言の中に「そこでもう一つお尋ねしたいのは、戦犯の釈放ということが非常に大きくモンテンルパなどでなされまして、全国民あげて非常によろこんでおるのでございますが、……」で始まるセンテンスがあり、その数十行あとに「次に、青柳委員の質問と重なるかもしれませんが、戦犯で処刑されたところの遺族の問題であります。処刑されないで判決を受けて服役中の留守家族は、留守家族〔「留守家族援護法」のこと――引用者注〕の対象になって保護されておるのに、早く殺されたがために、獄死をされたがために、国家の補償を留守家族が受けられない。しかもその英霊は靖国神社の中にさえも入れてもらえないというようなことを今日遺族は非常に嘆いておられます」というくだりがある。

この発言を取りあげて、右翼の論客たちは「当時は、社会党の議員でさえ、そういう（靖国神社を大切にする）人間らしい心を持っていたのだ」というような批評を加え、さらに「戦犯として処刑された人について国が（戦死者と同様に）靖国神社に祀ってあげることと、本人の〝みたま〟を（戦死者と同様に）遺族を経済的に援護することとは一体のことと考えられていて、野党だってそれに異議を唱えてはいなかった」という証拠にしようとしている（小堀桂一郎『靖国神社と日本人』148頁など）。……つまり、「国の戦傷病者戦没者遺族等援護法が1953年8月1日に改正されて、戦犯として処刑された人も戦死者と差別せずに国の遺族援護行政のうえでは公務死とみなすことになったから、その時点で靖国神社は彼らを（A級も含めて）合祀する当然の責務を負ったのだ」という「靖国神社受身論」を援護射撃する道具に、この議事録を利用しているのだ。

しかしこの質疑応答の記録をしっかり読んでみると、「モンテンルパ」という言葉が出てから「靖国神社の中にさえも入れてもらえない」という言葉が出るまでの中間の数十行に書かれているのは、日本人の戦犯受刑者内に生じた国法上の理不尽な差別とは別の、もうひとつの問題である。

提議員は、B・C級戦犯の中には第三国人（旧植民地出身者）が混じっていて、その人たちは戦犯としての刑罰のほうだけは日本人と同じに科せられているのに、戦傷病者戦没者遺族等援護法および留守家族援護法の適用に関しては日本国籍を失っているからとの理由で適用外とされている事実を指摘して、こんな理不尽な非人道的なことはないではないかと厚生大臣に詰め寄っている。

厚生大臣から、残念ながら今のところ法律がそうなってしまっているが「今後はこれらに対して私も努力いたしたいつもりであります」という通り一遍の答弁を得たあと、提議員は以下のように念を押している。

まことにこの点はお気の毒で、処刑の方だけは一人前で、補償の方はしないというような矛盾はどう考えてみても私は人道に反する処置だと思うのであります。でありますするから、逆にわれわれの同族の日本民族が他国へ行って、こういう処置を受けておったときに、血肉をわけた、われわれがどういう叫びを上げるかということは、これはもうほんとうに常識でわかることでありまして、ひとつこの遺族援護法、留守家族援護法また生活保護法などの実施に当って、ぜひ法律を離れて人道的な見地からこの中へ加えられるよう、血も涙もある厚生大臣の御処置をお願いいいたしたいと存じます。

このあとが「次に、青柳委員の質問と重なるかもしれませんが、……」で始まるパラグラフになるのだ。

この日の質疑応答でテーマとされた諸問題について、その後の経過はどうだったかというと、残念ながら戦傷病者戦没者遺族等援護法および留守家族援護法は旧植民地出身者には適用されずじまいに終わり、その一方で、戦犯として裁かれ、刑死した者（および獄死した者）の靖国神社合祀だけは旧植民地出身者をも含めるという歪んだ結果となった。

合祀は靖国神社が決めたことで、国が決めたことではないから（「靖国神社受身論」は、後になってA級合祀の理由を問われて靖国神社が編み出した弁明の理屈）、援護法の適用対象の選定と靖国神社合祀対象の選定とのあいだに不一致があっても、それがただちに行政の瑕疵《かし》になるわけではないが、この段階で、後に裁判沙汰にまで発展する「遺族への援護は拒んでおいて、頼んでもいない靖国神社への合祀だけはするとは何事だ」という旧植民地遺族からの抗議を招く種が蒔かれていたのだ。

いずれにせよ、この日の堤議員の質問は「援護法の改正による適用範囲拡大と靖国神社の合祀基準の見直しとは不離一体だ（だから後者も国が決めることだ）」との命題を披瀝《ひれき》し、大臣にその確認を求めるという趣旨のものではなく、質問の重点は別のところにある。その発言の流れの中にたまたま一箇所「靖国神社の中にさえも入れてもらえない」という言葉が出てきただけである。

結論として、史料というのは、二次文献に引用されている部分だけを読むのではなく、その前後の文も読んでみて、自分の眼で確かめ直すことが大切と、この例からも痛感した。

最後に、調べればすぐにわかる簡単なことなのに、靖国問題の書物で言及される機会の少ない重要な史実をひとつ、明らかにしておこう。

中曽根内閣の藤波孝生官房長官が靖国懇の報告書を受け取った1985年8月9日から、政府見解の変更を含む内閣官房長官談話を発表した8月14日までの5日間にわが国で起こった諸事件のうち、最大のものは8月12日夕刻の日航ジャンボ機御巣鷹山墜落事故である。一方で事故への対応に追われていたはずの内閣が、もう一方で「手水を使うか使わないか、お祓いを受けるか受けないか」などで一神社の宮司と鍔迫《つばぜ》り合いを演じていたという事実の珍奇さは、もっと指摘されてよいだろう。そんな中であわただしく決められた政府見解に、その後の政府が40年間も縛られ続ける謂《い》われがいったいどこにあろうか。40周年に向けて、各界の良識ある人々はぜひ再検討の狼煙《のろし》を上げていただきたい。

本書の執筆にあたり、中野晃一上智大学教授からはQ14で取り上げた「マッカーサー証言」を含む英文資料のありかについてご教示をいただいた。また、中野毅創価大学名誉教授には、宗教に関するGHQの占領政策の背後にあった複数の理念をめぐるかねてからのご高説の真意につき、確認のやりとりをさせていただくとともに、日本占領をめぐる最新の研究成果の結実である大部なご編著『占領改革と宗教』（中野毅・平良直・粟津賢太・井上大介編、専修大学出版会、２０２２年）のご案内もいただいた。その中に含まれている新知見の数々を本書に生かすのは間に合わなかったが、読者の皆さんには、ぜひこの貴重な労作も参考になさるよう、お勧めしておく。

中野毅名誉教授のほかに、吉原康和元東京新聞編集委員、中村香代子國學院大學栃木短期大学非常勤講師、伊藤健一郎元立命館大学講師のお三方にも、草稿に目を通していただき、有益なご示唆を賜ったことを、ひとことご報告しておく。もちろん、ありうべき誤りはすべて筆者の責任に属する。

最後の最後になるが、わたしの執筆構想を、まだ海の物とも山の物ともわからぬ段階であけび書房に取り次いで下さった松尾匡立命館大学教授と、それを出版企画に乗せることを昨年年頭の段階で早々に快諾して下さった岡林信一あけび書房社長にはとりわけ深甚なる謝意を表したい。出版のあてがないまま執筆だけを進める場合の不安感を思うと、この「事前確約」という要素は、物書きにとって、執筆中の情熱を持続させるうえでとても心強い味方なのである。

2023年7月

著者　三土明笑

三土明笑（みつちあけみ）

1949年2月16日　東京都港区に生まれる。

1977年4月～1982年3月　神戸大学大学院経済学研究科に学ぶ。

1982年4月～2000年3月　愛媛大学法文学部教員（1990年1月以降は教授）。

1990年1月　経済学博士（神戸大学）。

2000年4月～2014年3月　東京理科大学理学部第一部教養学科教授。

著書
現在の通称である「三土明笑」名では、『夢をあきらめないで――68歳で性別適合手術』（現代書館、2019年）が初の著作。
それ以前は戸籍名で『初歩からの経済数学』『初歩からの多変量統計』『ミニマムエッセンス統計学』『靖国問題の原点』『ワルラシアンのミクロ経済学――一般均衡モデル入門』『［続］ワルラシアンのミクロ経済学――一般均衡モデルの発展的理解』（以上、日本評論社）、『経済学史』（新世社）、『ミクロ経済学の核心――一般均衡モデルへの道案内』（日本経済評論社）、『いま宗教にできること、できないこと』（現代書館）など多数の著作あり。筆名秦野純一で執筆した小説『しろがねの雲――新・補陀洛渡海記』（潮出版社）は第14回潮賞小説部門受賞。同じ筆名でノンフィクション『椿の咲く日まで――骨髄バンクと土佐清水の仲間たち』（日本評論社）も執筆している。

間違いだらけの靖国論議

2023年7月25日　初版1刷発行©
著　者―　三土明笑
発行者―　岡林信一
発行所―　あけび書房株式会社
〒167-0054　東京都杉並区松庵3-39-13-103
☎03. 5888. 4142　FAX 03. 5888. 4448
info@akebishobo.com　https://akebishobo.com

印刷・製本／モリモト印刷
ISBN978-4-87154-232-6　c3031

あけび書房の本

PTSDの日本兵の家族の思い

PTSDの復員日本兵と暮らした家族が語り合う会編　「あったことをなかったことにしたくない」。〝記録〟されなかった戦争のトラウマ。戦後も終わらない戦争の〝記憶〟を生きた元兵士の存在。家族の証言で史上初めて日本社会に投影する。

1320円

科学を政治に従わせてはならない

学術会議問題

深草徹著　科学者を戦争に奉仕させてはならない！　学術会議への政治介入を憲法問題として徹底的に検討。

【推薦】小森田秋夫（東京大学名誉教授）

1760円

期待こめた提案

希望の共産党

有田芳生、池田香代子、内田樹、木戸衛一、佐々木寛、津田大介、中北浩爾、中沢けい、浜矩子、古谷経衡著　愛があるからこそ忌憚ない注文を、それぞれの思いから識者が語る。

【推薦】西原孝至（映画「百年の希望」監督）

1650円

忍びよるトンデモの正体

カルト・オカルト

左巻健男、鈴木エイト、藤倉善郎編　統一教会だけでない！　気をつけよう！　豪華執筆陣でカルト、オカルト、ニセ科学を徹底的に斬る！

2200円

価格は税込

あけび書房の本

私の日本共産党論
「日本左翼史」に挑む
大塚茂樹著　元岩波書店の敏腕編集者による池上彰、佐藤優「日本左翼史」三部作の読み込みを背景によみがえる戦後史の一断面。【推薦】**有田芳生**（ジャーナリスト、前参議院議員）**中北浩爾**（中央大学教授、政治学者）　**1980円**

「絶滅危惧種」からの脱出のために
迫りくる核戦争の危機と私たち
大久保賢一著　〝ウクライナ危機〟の現実と〝台湾危機〟の扇動がある今、人類が生き残るためには、「核抑止」の幻想を打ち砕く〝核兵器廃絶〟と〝9条の世界化〟しかない！　**2420円**

「九条の碑」を歩く
非戦の誓い
伊藤千尋著　平和を願う人々の思いを刻んだ日本国憲法第9条の碑を全国行脚。戦争をなくす力を何に求めるべきか。ロシアのウクライナ侵略でわかった9条の世界史的意義　**1980円**

その時、どのように命を守るか？
原発で重大事故
児玉一八著　原発で重大事故が起こってしまった際にどのようにして命を守るか。放射線を浴びないための方法など、事故後のどんな時期に何に気を付ければいいかを説明し、できる限りリスクを小さくするための行動・判断について紹介する。　**2200円**

価格は税込